Ⓢ新潮新書

荻原博子
OGIWARA Hiroko

騙されてませんか

人生を壊すお金の「落とし穴」42

834

新潮社

はじめに

あなたは、騙されているかもしれません。


あなたは、「それ」が正しいと思っていますか?

もし、そう思っているなら、あなたは騙されているかもしれません。

自分が常識だと思っていることが、実は、非常識だったとしたら。自分がトクだと思っていることが、実は、そんなにトクではないとしたら。

むしろ、ソンをしている可能性があるとしたら、あなたはどうしますか?

世の中にうまい話はいろいろありますが、大切なのは、その「落とし穴」をしっかり見抜くこと。**美味《おい》しい話の中の「落とし穴」を見破る目を、これから一緒に身につけましょう。**

まず、本書の目次を見てください。

その問いかけに、「これって常識だろう」「これってトクだろう」と思ったら、もしかしたら、あなたはもう騙されているかもしれません。

2019年9月

経済ジャーナリスト　荻原博子

騙されてませんか

人生を壊すお金の「落とし穴」42

目次

1　節約編

2 投資編

3　保険編

4　老後編

1 節約編

「100億円あげる！キャンペーン実施中」の落とし穴

――電子マネーの罠

◆ＰａｙＰａｙのキャンペーンは、本当におトクだったのか？

２０１８年12月4日に、「ＰａｙＰａｙ」が、総額１００億円キャッシュバックのキャンペーンを展開し、家電量販店の前に長蛇の列ができました。

「ＰａｙＰａｙ」とは、スマホを使って買い物の支払いをする電子決済サービスで、このキャンペーン中に「ＰａｙＰａｙ」を使って買い物の支払いをすると、支払額のなんと20％がボーナス還元され、しかも買い物40回に1回は全額がボーナス還元される、つまり実質的にタダで買い物ができるというサービスも併設されました。

結果、利用者が殺到し、3月末まで予定されていたこのキャンペーンは、なんとわずか10日で上限の100億円に到達し、終了しました。

ただ、これは本当におトクだったのでしょうか？

◆2年使わなければポイント消滅！

実は、「ＰａｙＰａｙ」には、あまり知られていない落とし穴がありました。

確かに買い物をすれば有利にポイントが付きますが、せっかくついたポイントも、2年間使わないと消滅してしまうのです（ＰａｙＰａｙ残高の金額が変動した日から）。しかも「ＰａｙＰａｙ」は現金をチャージして買物することもできますが、なんとこの現金も同じく、2年間使わなければ消滅してしまう。

2019年5月と7月に制度が変更され、これらの有効期限は撤廃されたのですが、9月30日以降は**「ＰａｙＰａｙ」の残高が「マネー」「マネーライト」「ボーナス」「ボーナスライト」の4種類もあるという複雑な内容になっています。**また最後の「ボーナスライト」には60日間の有効期限がついています。

「100億円あげる」キャンペーン実施からここまでを考えると、今後もポイントやチャージ金額に関わる制度変更があっても不思議ではありません。そして言うまでもなく「PayPay」は、まだどの店でも使えるようにはなっていないのです。

PayPayに限らず、近年、Origami Payやメルペイ、セブンペイなど新たなキャッシュレス決済サービスが続々登場しました。

でも、新しいものに飛びつくのは得策ではありません。

◆被害額3240万円にもなったセブンペイ事件

2019年7月、セブンペイで大規模不正利用が起きました。サービス開始からわずか数日で、約1600人が身に覚えのない購入をしたことになったのです。

被害額は約3240万円にもなったといい、逮捕された中国人2人は他人のアカウントを使って、電子たばこ製品を購入していました。他人のIDとパスワードが

SNSを通じて送られてきたそうです。

「登録するとポイントあげる！」「あの商品がたった○○円で」などと様々なキャッシュレスサービスが宣伝をしていますが、それは登録者を増やしたいから。そしてあなたの銀行口座やクレジットカード情報を得たいからです。

じつは国も、キャッシュレス決済を促進したい考えです。10％への消費税増税に際して、「中小規模のお店でキャッシュレス決済すると、最大ポイント5％還元」という政策を打ち出しています。

でもひとつ確かなことは、新たな電子決済サービスに加入することは、新たにクレジットカードを作ったり、財布をもうひとつ持ったりすることに似ている。多少お得に見えても、支出の状況が分かりづらくなることはまず間違いありません。

電子マネーのポイント付与やキャッシュバックは、あなたの口座やクレジットカード情報が欲しいから。無理に加入する必要はなし！

「ちょっと帰りにコンビニへ」の落とし穴

——無意識消費の真相

◆レシートの金額と使ったお金が合わない理由

「無駄遣いはしていないのに、なぜかお金が貯まらない」と嘆く人がいます。

でも、本当に無駄遣いしていないのでしょうか。

以前、ある女性誌で、「無駄遣いしていないはず」という女性3人に3万円を渡し、1週間の期間限定でいつも通りにお金を使ってもらいました。ここで守ってもらったことは一つ、お金を使った時のレシートを必ず財布に入れておくことです。

今は、どんなものを買ってもレシートをもらえますから、レシートの合計金額と

3万円から使ったお金の残りを足すと、3万円になるはずです。

ところがどういうわけか、3人ともレシートのお金と使ったお金が合わず、2000円から3000円、使途不明金がありました。

これは、どういうことでしょうか?

「レシートにないお金は、何に使ったのですか」と聞くと、3人とも思い当たるのは、自動販売機でした。缶コーヒーやお茶だけでなく、自動券売機で支払う立ち食い蕎麦や丼ものなども、レシートが出てこないことがあります。

そして、こうしたものについては、いつ、どれくらいの必要性があってお金を支払ったのか、3人ともほとんど覚えていませんでした。

◆無駄遣いが年間15万円にも

覚えていないものに、週2000円から3000円を支払うと、月で1万円前後になり、年間で計算すると、塵も積もれば山となるで、10万円から15万円にもなります。

もし、「年間10万円も無意識にお金を使っていますよ」と言われたら慌てる人は多いでしょうが、そんなことは誰も言ってくれないので、ほとんどの人が自分ではわからずに無駄遣いしています。

しかも、これは氷山の一角。レシートに記されているものの中にも、改めてチェックしてみると、山のような「無意識消費」がありました。

たとえば、会社の帰りに駅前のコンビニに寄ることが習慣になっている人がいました。立ち寄ると、必要なもの以外に、ついでにお菓子やデザートなどを買ってしまう。

ある調査によると、コンビニ利用者で一番多いのは、週に2～3回利用するという人で23％、週に4～6回という人が約16％、毎日利用する人は約6％。これだけで、半数近くになります。

1回の利用金額は、300円以上500円未満が36％で一番多く、次いで500

円以上1000円未満が35%。合わせると全体の7割を占めます。この中には、かなりの「無意識消費」が含まれているはずです。

◆「このお金で○○が買える」という強いイメージを持つ

どうやったら「無意識消費」をなくせるでしょうか。一番いいのは、財布の中に大きなお金を入れておかないことです。

たとえば、小遣いが3万円だったら、それを全部1000円札にして、1日1000円しか財布に入れない。財布の中に1000円しかなければ無駄に使うことはできないので、自動販売機に手が伸びそうになっても思いとどまれるし、コンビニに入っても必要なもの以外を買うことはないでしょう。

また、水筒を持ち歩く習慣や帰りにコンビニに寄らない習慣を身につければ、「無意識消費」は防げます。**その意志を強くするためには、「自分は今、○○が欲し**

い」と、本当に欲しいものを思い描くと我慢することができます。

自動販売機やコンビニで、年間に10万円、20万円と「無意識消費」をしているなら、そのお金で、かなり高価なものを買えるでしょう。

そして、コンビニ立ち寄りを我慢した日には、「コンビニに寄ったつもり貯金」で３００円から５００円をガラス瓶の中に貯めておくようにしましょう。「このお金で○○が買える」と思えば、悪習慣を変える動機付けになります。

そうすれば、無意識にお金がなくなっていくこともなく、欲しいものがしっかりと手に入る生活ができるはずです。

節約しているつもりなのにお金が減っていく人は、「無意識消費」をチェック。大きいお金を持たないなどの具体的な対策を。

「手数料がもったいないからまとめて引き落とし」の落とし穴

──ATMの注意点

◆ATMのこまかくて巨大なジレンマ

10万円を1年間預けても、1円の利息もつかない時代。銀行の金利が0・001%だと、100万円を1年間預けて、やっと8円の利息（税引後）しかつきません。

ところが、そんな時代に、ATMで現金を引き出すと、手数料がかかります。

口座を持っている銀行のATMを使えば、もちろん手数料無料となる時間もあります。でも仕事や用事があって、必ず平日の朝8時45分〜夕方6時の間に引き出すのは難しい。**この時間を1分でも過ぎれば、108円、216円という手数料がし**

つかり取られてしまうのです。この手数料、消費税増税後は108円が110円に、216円が220円に値上げされることに。

すると、お金を引き出すなら、こまめに引き出すよりもまとめて一度に引き出したほうが節約になりそうな気がします。

けれど、このやり方は残念と言わざるを得ません。なぜなら、ほとんどの方は、まとめてたくさんのお金を引き出すと、ついつい無駄遣いをしてしまうからです。

では、どうすればいいのか？　考えてみましょう。

◆節約を取る？　あえて手数料を取る？

たとえば、銀行引き落としになっている費用を除いて、食費などの生活費が月6万円だったとしましょう。

この場合、給料日の後に6万円引き出すと、気が大きくなってプチ贅沢してしまいがち。そして、給料日が近づくと金欠になって、生活が苦しくなる。1ヵ月というのはけっこう長いですから、よほど気をつけてお金を配分して使わないと、本当に苦しくなります。

かといって、必要な時にちょこちょことお金を引き出すと、手数料がバカにならない。たとえ110円でも、10回引き出すと1100円になります。

手数料で損しないためにはまとめて引き出したいけれど、引き出した後はついつい使ってしまうというジレンマを抱えている方は多いようです。

このジレンマを解決するには、月に回数を決めて、ATMからお金を引き出すというやり方をお勧めします。

◆「5」のつく日に引き出すと決める

例えば、給料日が25日なら、5のつく日にお金を引き出すと決めてはどうでしょう。食費などの生活費が6万円なら、2万円ずつ、5日、15日、25日に引き出すのです。

6万円で1ヵ月生活するよりも、2万円で10日間生活するほうが、計画的に使いやすいはずです。

さらに、この時の2万円は、なるべく1000円札にしておくといいでしょう。それを封筒に入れて、そこから1日2枚、2000円ずつ生活費の財布に移すようにする。そして、常に財布の中の金額でまかなうことが習慣になれば、生活費が足りなくなるということもないでしょう。**もちろん、「財布の中には2000円」と思えば、無駄遣いしない習慣が身につくはずです。**

この時に問題になるのは、2万円をATMからすべて1000円札で引き出すには、どうすればいいのかということでしょう。

◆消えた裏技の代わりに、新たな裏技

以前は、2万円をすべて1000円札で引き出す裏技がありました。それは、ATMで2万円引き出すとしたら、「2」と「万円」のボタンを押すのではなく、

「20」と「千円」のボタンを押すというものです。ただ今は、ほとんどの銀行、コンビニでこの手が使えなくなっています。

ですが冒頭で触れたとおり、銀行には引き出し手数料が無料な時間帯があります。また、自分の口座がない銀行のATMでも、無料で引き出せる提携があることがあります。たとえばゆうちょ銀行に口座がある人は、コンビニやスーパー、病院、生協など全国1万3000箇所にある「イーネットマーク」のあるATMで平日は8時45分から18時、土曜日も9時から14時までは無料。これを賢く使わない手はありません。

9000円2回と2000円1回の引き出しで、2万円を全部1000円札にできます。もちろん手数料は無料です。

ATM手数料での無駄遣いも避けて、生活費は月3回、全額1000円札で引き出しましょう。その範囲内での生活を心がけること。

「半額シールに心惹かれる」の落とし穴

——値引きの罠

◆値引きの誘惑に勝つには

夕方、スーパーに行くと、「お値引き」シールに足が止まります。50円、100円と値引きになっていると、思わずカゴに放り込みたくなるでしょう。

ただ、食品の場合には、消費期限が近づいている商品が多い。そうしたものをたくさん買ってくると早く食べなくてはならないので、同時に準備していた食材が無駄になって「虻蜂《あぶはち》取らず」になってしまいがちです。

それなのに、ついつい買ってしまうのは、スーパーが値引きする時間帯が、ちょ

うど空腹になる時間帯と重なっているためです。

特に、コロッケや天ぷら、ロールケーキなど、空腹時にはたまらない商品に「半額」シールが貼ってあると、食べたいという本能的欲求に、「値引き」という節約の誘惑が重なって理性のブレーキが効かなくなってしまいます。

では、その本能的欲求と購入の誘惑を振り払うには、どうすればいいのでしょうか。

◆「飴」と「ガム」は効く！

そんな時の強い味方は、「飴」や「ガム」。口に放り込んでおけば、口寂しくなくなるので、空腹感も薄まります。ただ、「ガム」はくちゃくちゃと噛んでいるとイメージがよくないので、「飴」がいいでしょう。

ちなみに、大阪の女性は「飴」を「飴ちゃん」と呼び、バッグなどに入れておくケースが多いようです。

以前、子育て情報紙「お母さん業界新聞」大阪版で大阪在住の女性１１２人にアンケートを取ったところ、なんと53％に当たる59人が「いつも飴を携帯している」と回答していました。他人に「飴ちゃんいる？」と聞いて、会話のきっかけにするというコミュニケーションツールとしての役割を果たしているという説もあるのですが、もしかしたら、これこそ節約大好きな大阪のおばちゃんの、究極の空腹克服法なのかもしれません。

スーパーの「値引きシール」は、驚くほど人間本来の欲求を刺激して、理性的な買い物を妨げます。**これに対抗する「飴ちゃん」は、空腹時でも理性を取り戻すことのできる最強の「節約」アイテムなのです。**

「値引きシール」で買える商品は、消費期限が迫っているもの。理性的な買い物をするために、飴をバッグに入れておきましょう。

「控除って面倒くさそうで」の落とし穴

——医療費控除の注意点

◆親の介護費用も医療費控除対象になる！

サラリーマンは、会社の年末調整で税金が確定します。けれど、年末調整では戻してもらえない税金もあります。**こうした税金は、自分で税務署に請求しなくては戻りません。請求しないと、国のものになるだけです。**

どんな時に税金を払いすぎているかといえば、次ページの表のようなケースです。

中でも、最も税金が戻りやすいのが多額の医療費を払った人の「医療費控除」。

医療費控除は、家族全員が1年間に支払った医療費が10万円以上なら、10万円を

確定申告をしたほうがいいサラリーマン

・多額の医療費を払った人
・1年間で6自治体以上へふるさと納税をした人
・災害などで被害を受けた人
・盗難にあった人
・住宅ローンを組んで家を買った人
・認定住宅を新築・購入した人
・会社が認めた、自腹を切った経費がある人
・退職したが、年末調整を受けていない人
・年末調整後、年内に親と同居した人
・年末調整後、結婚した人（妻が専業主婦の場合）

超えたぶんが税額控除になります（総所得が200万円未満なら所得の5％）。

この医療費控除には、受診や入院などの治療費だけでなく、風邪をひいて薬局で買った薬や治療のための鍼やあんま、マッサージ代、通院のための電車、バス代なども含まれます。

また、赤ちゃんのオムツは対象になりませんが、半年以上寝たきりで医師の治療を受けている人のオムツは医療費控除の対象です。

マスクは、他人からインフルエンザなどを移されないためにしているものは対象になりませんが、風邪やインフルエンザにかかってしまった人が他人に病気を移さないために医

師から「マスクをつけなさい」と言われたら、医療費控除の対象になります。

また、健康診断や人間ドックで診てもらい、病気が見つかって治療を始めた場合には診断料も、医療費控除の対象になります。ですが、診断で健康体と分かったり、他人から病気を移されないための予防目的だと対象外です。

◆温泉に行っても、医療費控除に?!

歯の矯正も、美容整形のものは対象外ですが、発育盛りの子供の場合、歯の噛み合わせが悪いと発育の阻害要因になるので、これを治療するなら医療費控除の対象となります。

さらに、温泉やジムの利用料も、医療費控除の対象になるケースがあります。

温泉やジムは、健康増進にあたるので基本的には対象外ですが、厚生労働省が出している一定条件を満たしていれば、利用料が対象となります。

厚生労働省は、トレーニングジムや運動フロア、プールなどがある施設や刺激の強い浴槽、弱い浴槽などが組み合わされた温泉施設、またはその両方の要素がある施設を「健康増進施設認定制度」で認定し、医療費控除が使えるようにしています。ただし、資格を持ったスタッフが指導し、医療機関と提携しているなど、細かな規定があります。現在、こうした施設は全国に800箇所以上あります（詳しくは厚労省サイトを）。

こうしたところで温泉療養する人は、医師から「温泉療養指示書」を出してもらってこれに従って治療をすれば、施設から確定申告に必要な「領収書」と「温泉療養証明書」が発行されます。利用料だけでなく交通費も医療費控除の対象です。

◆介護費、介護施設費も対象になる

実は、意外と知られていないのですが、親の介護費も、この医療費控除の対象になっています。

訪問看護や訪問リハビリテーション、医療機関でのデイサービスやショートステイなどかなり幅広く対象となっており、医療費控除対象の居宅サービスとセットなら、夜間のオムツ交換や訪問入浴サービスなども含まれます。施設では、特別養護老人ホームや介護老人保健施設、指定介護療養型医療施設など、かなりのところが対象です。

ただし、グループホームや、有料老人ホームでの介護サービスは対象外です。介護は、平均で5年と言われます。自己負担がかなりあるという人も多く、控除の仕組みを知らないと取られ損になってしまいます。

◆サラリーマンは5年以内に確定申告すればOK

医療費控除の申告は、インターネットを使った「e‐Tax」を使うと便利です。じつは、2018年までは「e‐Tax」を使うには、マイナンバーカードとそれを読み取るカードリーダーが必要でした。カードリーダーの価格は、3000円から４０００円。自腹を切って購入した方もおられるでしょう。

けれど、２０１９年からはこのカードリーダーが必要なくなっています。税務署に行って、あらかじめ運転免許証や保険証などを職員に提示し本人確認をしてもらえれば、ＩＤとパスワードが発行されます。このＩＤとパスワードを使えば「ｅ－Ｔａｘ」ができるようになったのです。

ちなみに、自営業者の確定申告は、「納税申告」のため確定申告の期間内に間に合わせないと追徴金がかかります。**ですがサラリーマンの確定申告は、お金が戻ってくる「還付申告」なので、確定申告の期間内でなくても、5年以内なら、いつ申請しても税金が戻ってきます。**

その治療費や介護費、医療費控除の対象かも。サラリーマンなら5年遡って請求が可能、しっかり請求して取り戻しましょう。

「少しでもガソリン代を安くしたい」の落とし穴

――安物買いの顚末

◆ガソリン代が安い「遠くのスタンド」に行くのは本当におトク？

ガソリン価格の高騰は、マイカーがある人にとっては家計に大ダメージ。そのダメージを減らすには、少しでも安くガソリンを入れるに限ります。

ただ、ガソリン価格が安いからと遠くのガソリンスタンドまで行くのでは、逆にガソリン代が高くつくのは言うまでもありません。

近くに、1リットル130円で売っているスタンドがありますが、遠くの安いスタンドまで1リットルで10キロ走る車で行くとします。

仮に、3キロ先まで給油に行くと往復のガソリン代が、差額で節約できた分を減らしてしまいます。

そのスタンドで30リットルのガソリンを入れる場合、1リットル127円以下でないと、給油に出かける意味がないという計算に。同じ条件で、1リットル5円の差があれば、5キロ先のガソリンスタンドに出かけてもプラスになります。

◆格安ガソリンスタンドを探すためのサイト

大切なのは、安いガソリンスタンドがどこにあるのかを、すぐに探せること。それには、次のようなガソリン価格比較サイトを使うといいでしょう。

gogo・gs（https://gogo.gs）

e燃費（https://e-nenpi.com/gs/prefrank）

NAVITIME（https://www.navitime.co.jp/gasstation/）

例えば、「ｇｏｇｏ．ｇｓ」（3月23日時点）を見ると、東京都のレギュラーガソリンの平均価格は１４１・６円ですが、東京都で最安値のスタンドは１３０円と、平均よりも約12円安くなっています。

こうしたサイトで、自宅近くや、通勤圏内などの格安スタンドをチェックし、給油するならココと決めておけば、常に安くガソリンが入れられます。

また、安くガソリンを入れたいなら、暖かい日中よりも寒い朝のほうがおトクと言われています。

ガソリンは暖かいと膨張するので、同じ料金でも給油量が少なくなるというのが、その理由です。例えば、気温が10℃の朝に50リットルのガソリンを入れると、昼間の温度が20℃になると０・７リットルほど体積が増えているのだそうです。

ただ、これには諸説あって、ガソリン給油機には温度補正機能が付いているので関係ないという説もあり、だとすればせっかく早起き給油してもあまり意味はないでしょう。
やはり、安いスタンドを探したほうがてっとり早そうです。

◆「やさしい運転」は、事故防止だけでなくガソリンの節約にもなる！

節約を心がけるならば、ガソリンを無駄遣いしない運転も大切です。

エコドライブ普及推進協議会によると、車を発進するときには最初の5秒で時速20キロになるくらいゆっくりアクセルを踏むやさしい発進にすると、10％程度の燃料節約になるそうです。

また、走っている間も車間距離を充分にとり、急減速、急加速をしなくてもいいようにすれば、市街地では約2％、郊外では6％程度の燃料の節約になるそうです。

さらに、アイドリングは、予想以上に燃料を食います。10分間アイドリングしていると130cc使うと言われているので、これを5回繰り返すだけで100円近くの無駄になります。

ちなみに、炎天下に車を置くなら、フロントガラスに日よけを。暑くなった車では、いきなりエアコンをつけるのではなく、左右のドアをパタパタさせて室内の熱気を外に逃がしてからにしましょう。

こんなちょっとした習慣が、ガソリンの節約に結びつきます。

ただし事故でも起こしたら、節約した分が全部パーになるのですから、やさしい運転、安全運転こそが細かい節約の前に必要なのは言うまでもないでしょう。

日頃から安いスタンドを探しておけば、確実にガソリン代が下がります。さらにエコ運転を心がければ、事故回避でダブル節約です。

「マイカー減税で買い替えを」の落とし穴

――自動車税減税の注意点

◆約60年ぶり、小型クラスほど減税額が大きい自動車税減税

消費税増税にともなって、国は「自動車税」を減税する方針を固めています。

自動車税とは、車を持つ人が毎年納める税金で、排気量によって税額が決まりますが、もし減税されれば、1950年に制度が始まって以来、初めての引き下げとなります。

今のところ、自動車税の減税は、小型クラスほど大きなものになります。

たとえば、自家用乗用車で1000cc以下だと、現行2万9500円が、減税実

施後は2万5000円になり、4500円も安くなります。

この減税額は、排気量が上がるほど縮小していって、1000cc超から1500cc以下だと4000円、1500cc超から2000cc以下だと3500円、2000cc超では1000円から1500円しか減税になりません。

軽自動車は今回の減税の対象外で、1万800円のままです。

ここまで読んで、「今、私が乗っている車は、4500円も税金が安くなるのね」と喜んだ方は、ちょっと待ってください。

この減税が適用されるのは、消費税増税後に購入した車に限られるからです。つまり、増税前に乗っている車は対象外なのです。

◆じゃあ、思い切って買い換える？

今回の減税は、恒久減税。対象車は引き下げられた税額がずっと続きます。4500円でも10年乗れば4万5000円。20年乗れば9万円も税金が安くなります。

だとしたら、「これを機会に買い替えようか」と思う方もいるでしょう。けれど、それもまた早計です。マイカーに13年以上乗ると、自動車税は約15%アップします。また、自動車を中古で下取りしてもらう場合には、5年、5万キロを超えると査定価格が急落し、車検整備費も上昇します。

そしてもう一つ、自動車税の支払い義務が発生するのは、4月1日以前。

これを総合すると、自動車の買い替えは、消費税が上がる2019年10月から2020年4月1日の間で、前の車が購入から5年を過ぎない時期がベストということになります。

ただ、それで正解かというと、ここにわけのわからない税金が加わります。車種によっては、車検のときに払う「自動車重量税」が引き上げられるのです。

◆エコカー減税からはずれたら重量税が増税に

現在、自動車重量税は、燃費基準による「エコカー減税」が適用されていますが、消費税増税後はエコカー対象車を絞る方針です。エコカー対象からはずれた車は、自動車重量税が上がります。

つまり、消費税増税後に車を買うと、毎年払う自動車税は減税になるものの、車検時に払う自動車重量税が増税になってしまうので、トータルでは増税になるという車種が出てきます。

これでは、本当に税金が安くなるのか高くなるのかわかりません。

自動車に関わる税金のうち、ユーザーにはおなじみの自動車税減税を前面に押し出して減税のイメージを与えていますが、車検費用と一緒に払うため税額を意識しづらい自動車重量税の増税を同時に行おうとしている。

これは、専門家でないと損得勘定ができない施策で、納税者の目をごまかそうとしているとしか思えません。

さらに、車の購入時にかかる、自動車取得税と消費税の二重課税が、以前から問題視されていました。そのため、消費税が10％に上がる際に自動車取得税が廃止されますが、新たに環境性能によって税率が決まる「環境性能割」という新税の導入が決まっています。

　二重課税の問題は解決されないままですが、今回、新税の環境性能割も、消費税増税後の1年間に限り、1%軽減する方針も出ています。

　消費税が増税されると、自動車税が下がりますが、上がる税金もあります。実際に自分が買った車の税金の総額がどうなるのかは、簡単にわからないのです。

　ここで損をしないためには、綿密な計算が必要になるでしょう。こう考えると、少なくとも「減税」という言葉に振り回されないように心がけるべきなのです。

自動車税、自動車重量税、自動車取得税、そして10%になる消費税。複雑に課税される自動車の購入を、早まってはいけません。

「セコい金の使い方は嫌だから」の落とし穴

――江戸っ子気質の末路

◆謎の「名古屋金利」というものがある！

皆さんは、「名古屋金利」というものを知っていますか？

私も、つい最近まで知らなかったのですが、**名古屋には全国に例を見ない名古屋特有の「名古屋金利」という金利のレートがありました。**

財務省の東海財務局が出したレポートで見つけたのですが、全国の地方銀行と東海3県の銀行金利を比べると、東海3県の銀行の貸し出し金利は0・2％ほど低くなっているのです（2005年から2011年までの貸し出し金利の推移）。

また、預金金利についても、0・2〜0・3%低くなっていました。

なぜ、こんな現象が起きるのかといえば、名古屋には、トヨタをはじめ内部留保をしっかりと持った優良企業が多く、無借金経営の企業も多いので、なかなかお金を借りてくれないから。 そのため、金利が低くなるようです。

また、借金を嫌う保守的な土地柄で、企業だけでなく個人も借金には慎重なケースが多いので、金利を安くしないとお金を貸せないということなのでしょう。

実は名古屋は、三菱UFJ銀行をはじめとした多くの銀行がひしめいている、銀行過密地帯でもあります。借金を嫌う土地柄なのに、銀行の数は異様に多い。それで融資の過当競争が起き、金利の低下を招いているという説もあります。

◆子供の頃から質素倹約

そもそも名古屋は、質素倹約を旨とする土地柄なので、普段の生活はそれほど派手ではありません。借金を嫌う土地柄でもあり、質素倹約のうえ貯金することが、子供の頃から身についているようです。

一説によれば、名古屋では、その昔、尾張藩が倹約貯蓄を奨励していたことで、みんながそれを習慣づけ、節約に目覚めたとも言われています。

ちょっと古い数字ですが、「ゼクシィ結婚トレンド調査２０１３」によると、名古屋の25歳から29歳の女性の94・１％が貯金をしているとのことでした。**日本人の3人にひとりが貯蓄ゼロという時代ですから、名古屋以外の方にこの数字を見せるとみんな驚きます。**

でも、名古屋の方にこの数字を見せたところ、こんな反応が返ってきました。

「あたり前でしょう。イザという時に慌てないためには、普段から貯金しておかないと」

また日常の心がけも、ちょっと違うようです。

「飲みに行くなら、手持ちのお金の範囲という人、クレジットカードはあまり使いたくないという人が名古屋には多いの」

そもそも車社会なので、飲み代にはあまりお金を使わないのです。

けれど、喫茶店は大好きで、喫茶店代は日本一と言われています。しかも、名古屋の喫茶店のモーニングは、安くてコストパフォーマンスが抜群。何時間いても、嫌な顔をされません。

名古屋の方の「贅沢」と言ったらこの喫茶店くらいで、普段は質素。そしてライフイベントがある時にはスパッと大金を出す。結婚式だけでなく、お葬式、大学の入学資金、マイホームの頭金なども、しっかりまとまった金額を出せる人が多いようです。

◆東京人にはない「値切る力」

私も仕事の関係で、名古屋には頻繁に行っていますが、名古屋では常識なのに、東京では恥ずかしがってあまりしないのが、モノの値段を値切ること。

よく名古屋人は「ケチ」だと言われます。でも私は名古屋の人たちを見ていて

「ケチ」とは違うという印象を受けました。**お金の払い方に自分なりの物差しがあって、買う時にはその物差しの範囲まで値段を落としてもらわないと買わない。**それが、かなり細かいので、「ケチ」と見えるのかもしれません。

特に、ビジネスの場面では、売り上げを伸ばして利益を上げるというよりは、コストダウンして利益につなげようとする傾向が強いようです。

いっぽう、江戸っ子は、気っ風と見栄が命のようなところがあって、言われるままに買ったほうが気持ちいい。**けれど、それではお金は貯まらない。**名古屋人をケチだなんて思い込むのは大間違い、むしろ見習うべきではないでしょうか。

「名古屋金利」は名古屋人が借金を嫌い、貯蓄をしてきた成果とも言えます。倹約貯蓄精神と、「値切る」テクニックを学びましょう。

「出先でビニール傘を買えばいいか」の落とし穴

——天気予報の真相

◆お天気を知らないと74778円も損！

「お天気を知らないと、74778円も損をする」と聞いて、何のことかと思った人もおられるでしょう。

急な天候の変化で、傘を買ったり、タクシーに乗ったり。4人に1人が「出費した」と答えたアンケート（日本気象協会）では、コートや下着まで買う羽目になり、平均の出費金額が74778円にもなったとのことです。

これは、2013年の調査ですが、昨今はもっと気象状況の変化が激しくなっています。出かけた先でゲリラ豪雨に遭遇して帰れなくなってホテルに泊まったり、うだるような暑さの中で喫茶店に入らざるを得なくなってしまったり。無駄な出費はますます増えているかもしれません。

天気予報が万全ではないにしても、見ずにでかけるのは賢いとは思えません。「コンビニで傘を買えばいい」と思うかもしれませんが、それこそがムダです。

「夜から急激に寒くなります」という予報が出ているのに、薄着の人を見ると、「大丈夫なのだろうか」と他人事ながら心配になります。

昔は、天気予報というのはアテにならないもの、という認識が一般的でしたが、最近はそんなことはありません。**現在の天気予報は以前とは比べ物にならないくらい高い確率で当たります。**なぜ、こんなによく当たるのか気象予報士の方に聞いたことがありました。

「今までは気象庁の人が予想していたので外れることもままありましたが、今はコンピューターの人工知能（ＡＩ）が大量のデータを使って予測するので、飛躍的に天気予報の精度が上がっています」

いまやスーパーコンピューターが気象衛星から送られてくる様々な情報や各地に置かれた百葉箱のデータ、過去のあらゆる気象データなど膨大な情報を精査し、瞬時のうちに天気を予報するのだそうです。

ですから、短期予報なら、ほぼ外すことがないということなのです。

◆「指数情報」は、生活にかなり密着している

日本気象協会のホームページには、「指数情報」が出ています。これは、気象条件を精査し、暮らしにフィットするような情報にしたもの。

通年で載っているのは、「洗濯指数」「服装指数」「お出かけ指数」「星空指数」「傘指数」「紫外線指数」「体感温度指数」「洗車指数」「レジャー指数」「のど飴指数」「シミ・リバウンド指数」などです。

「洗濯指数」は、気候や気温、湿度などから計算した「洗濯物の乾きやすさ」。指

数が30以下なら、外に洗濯物を出しておくと雨にあって二度洗いしなくてはならなくなる可能性が出てきます。旅行などに行く前には「服装指数」を見ておけば、全国どこでどんな服装が適しているのかがわかるので、旅先で気候に合った服を買わなくてはならなくなるといったことが避けられます。「シミ・リバウンド指数」は、湿度や紫外線などから肌しみが発生するリスクを計算し、5段階で表示しているので、女性には必見かもしれません。

こうした常設の「指数」の他に、季節ごとに表示されている「指数」もあります。夏季限定では、「汗かき指数」「不快指数」「冷房指数」「アイス指数」「ビール指数」「除菌指数」「蚊ケア指数」など、生活に役立ちそうなものがあります。

さらに面白いのは、ピンポイントで天気を知ることができること。検索枠に、場所や郵便番号を入れてみると、天候がばっちり出てきます。

試しに、私の事務所のあるビルの郵便番号を入れたら、周辺の天気が、最長10日間分出てきました。1時間おきの天気や気温、降水確率なども見られるので、ビルの中で仕事をしていても、退社時の天気がわかります。

天気を知れば、集中豪雨や台風などの被害を避けられるだけでなく節約にもなる。

しかも、もしかしたらデートを成功させることができるかもしれません。

例えば、彼女とデートするなら、雨の日に高層ビルのレストランを予約する。雨の日は気圧が下がるので交感神経が活発化して、ちょっとドキドキするようですが、高層ビルならさらに気圧は低くなるのでドキドキが倍増。ドキドキすると不安になって、一緒に恋愛感情を持ちやすくなる、俗にいう「吊り橋効果」が期待できる……というのは強引でしょうか。

天気予報は当てにならないは大間違い！　しっかり確認して余計な出費を避けましょう。「指数」チェックで、天気を味方に。

「ポイントをためてトクをしよう」の落とし穴

――ポイント信仰者の罠

◆「公共料金をカードで払うとポイントに」

クレジットカード払いにすると、ポイントがたまります。ですから、ポイント狙いで公共料金でも支払いをクレジットカードにするという人も増えています。

たとえば、自営業者なら必ず支払わなくてはならない国民年金。国民年金の1ヵ月の保険料は、2019年度は月1万6410円。ですが、これを次ページの表のようなかたちで前払いすると、保険料は割引されます。

通常、国民年金保険料はその月の保険料を次の月に支払いますが、その月の保険

国民年金のまとめ払いと割引額

種類	金額
1ヵ月分前納（当月末振替）	50円割引
6ヵ月前納	1,120円割引
1年前納	4,130円割引
2年前納	15,760円割引

料をその月の月末に支払うと、「1ヵ月分前納」といって50円安くなります。また、6ヵ月分をまとめて支払う「6ヵ月前納」にすると1120円割引に、1年分まとめて支払う「1年前納」にすると4130円割引に、2年ぶんまとめて支払う「2年前納」にすると1万5760円割引になります（口座振替の場合）。

このまとめ払いは、割引額は口座振替に比べてやや少なくなりますが現金でもできるし、クレジットカードでも可能です。では、どちらで払うほうがおトクかといえば、クレジットカードで払うほうがおトクです。

なぜなら、払う金額は同じですが、クレジットカード払いなら、払った金額に対してカードポイントが付くからです。

たとえば、2年ぶんまとめて支払う「2年前納」の場合、38万8880円になりますが、これをカード払いにすると、カードによっても換算率は違いますが、2000円から4000円相当のポイントを稼ぐことができます。**ですから、国民年金の保険料を少しでも節約したいなら、「まとめ払い」で、しかもクレジットカードで払うのがおトクということです。**

◆税金はクレジットカードで払うと損になる

ここまでで終わると、「そうかクレジットカード払いはお得なのだな」と勘違いなさる方もでてきそうなのですが、それは早とちりです。

今は、税金も、クレジットカード払いができるものが増えています。例えば、自動車税、不動産取得税などはクレジットカードで払えます。

そして、こうした税金でも、カードポイントが貯まります。

でも、ちょっと待ってください。**実は税金をクレジットカードで支払うと、クレ**

ジットカード手数料が本人負担になります。この手数料は、納付額1万円につき76円。しかも、この手数料には消費税もかかるので、クレジットカード払いにすると、なんと1万円につき83円の手数料を、自腹を切って支払わなくてはならなくなるのです。

ポイント還元率が高いクレジットカードなら、この手数料ぶんを少し上回るかもしれませんが、各社のポイント還元率の平均は1万円につき50円ほどが標準。ですから、ほとんどのクレジットカードで損をするということになります。

◆カード払いだと、口座振替割引が使えない

税金以外にも気をつけないといけない、公共料金のクレジットカード払いがあります。

たとえば、電気やガスの支払い。電気会社やガス会社では、料金を銀行口座から自動引き落としにすると、口座振替割引としてひと月54円（税込）が安くなるとい

うサービスをしているところがかなりあります。

ただ、クレジットカード払いだと、同じように銀行口座からお金が引き落とされるにもかかわらず、この口座振替割引が使えなくなるところがかなりあります。

節約家のご家庭で、一生懸命に節約して電気代を５０００円にまで抑えたという場合、５０００円をクレジットカードで引き落とせばポイントが約25円ぶんつきますが、その代わりに口座振替割引の54円がなくなってしまうのですから、節約にはなりません。

クレジットカード払いでの注意点は、ポイントに有効期限を設けているカードが意外にたくさんあることです。こうしたカードは、有効期限が切れてしまったら、せっかく貯めたポイントも消滅してしまいます。

何でもカード払いには要注意！　カード手数料の負担、口座振替割引の無効で損になるケースが。ポイントの有効期限にももちろん注意。

「自由化になったから基本料金0円です」の落とし穴

――新電気料金のからくり

◆基本料金がなくなって使用料だけのほうがトクのはず？

「0円」ばやりの昨今、電気料金にも「基本料金0円」という会社がたくさん出てきています。

電力の自由化で、さまざま電気会社が誕生しましたが、こうした会社には、従来の電力会社のような料金体系ではないところもたくさんあります。

そこで、まず既存の電力会社の電気料金を見てみましょう。

既存の電力会社の電気料金は、次の3つを合わせたものです。

①企業がそれぞれ設定している「基本料金」
②使った電気の量に対して支払う「電力量料金」
③再生エネルギーの利用促進のための「再生エネルギー賦課金」

企業が設定する「基本料金」は、使用するアンペア（A）数によって料金格差がありますた。たとえば、東京電力の場合だと、30Aなら842・4円ですが、60Aだと1684・8円と、基本料金がかなり違います。

30Aだと年間の「基本料金」だけで約1万円、60Aだと約2万円ですから、「基本料金」がなくなって、使ったら使っただけの料金を支払ったほうが電気代の節約になる気がします。

だとすれば、「基本料金0円」のほうが、おトクなのでしょうか。

◆たくさん使う家庭、使わない家庭

結論から言えば、電気をたくさん使うご家庭では、「基本料金0円」の新しい電力会社のほうがおトクかもしれませんが、**一人暮らしや電気をあまり使わないご家庭では、既存の電力会社のほうが、電気代は安くなる。**

なぜなら、既存の電力会社の料金体系は、電気を少ししか使わないご家庭には安く電気を提供し、たくさん使うご家庭ほど電気代が高くなるようになっているからです。これは、電気をあまり使わない人というのは、低収入で家電製品もそんなにない方が多いので、そうした人には割安な料金で電気を提供しなくてはいけないという考え方があるからです。

ですから、図のように、電気は使う量に応じて3段階の料金になっています。

具体的に、従来型の電力会社と「基本料金0円」の電力会社を比べてみましょう。

オール電化で1ヵ月に400kWhの電気を使うご家庭の場合、既存の電力会社だと、120kWhまでは19・52円、120kWhから300kWhまでは26円、300kWhを超えたら1kWhあたり30・02円なので、基本料金も含めて支払う電気代は1ヵ月に1万2000円を超えます。

電気代の単価は使えば使うほど高くなる

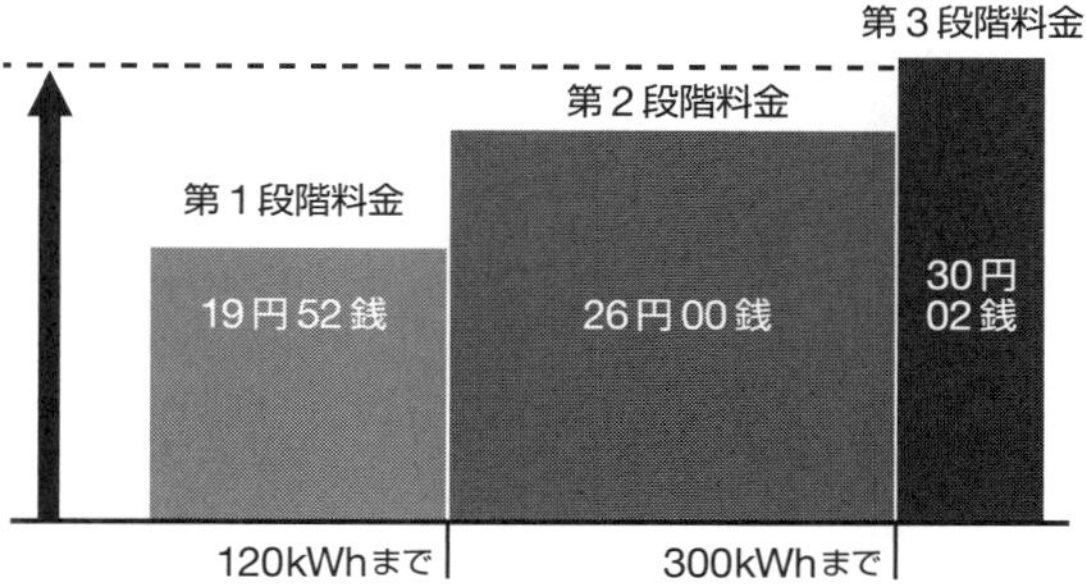

（数字は1kWhあたりの電力量料金単価）

いっぽう、「基本料金０円」のプランでは、「基本料金」がなく「電力量料金単価」も一定額。１ｋＷｈあたり26円の会社だと1万円ほどです。

比べると、明らかに「基本料金０円」の会社の方が安くなります。

では、一人暮らしで、１ヵ月の電気の使用料が１５０ｋＷｈという人はどうでしょうか。この場合、既存の電力会社は、基本料金を含めても１ヵ月の電気代は３０００円ほど。いっぽう、「基本料金０円」の会社は約４０００円。一人暮らしだと、かえって電気代が高くなって残念ということに。

ちなみに、「自分にはトクではなかった」とわかって変えようとすると、違約金を請求したり期間の縛りを設けていたりする会社もあるので注意しましょう。

◆節約したいなら、アンペアを下げてみよう！

例えば、家族が多くて60Ａを使っていたけれど、年配の２人暮らしになったので30Ａでいいというようなご家庭では、電力会社はそのままにアンペアを変えただけで基本料金が１６８４円から８４２・４円に下がります。

30Ａにすると、以前と同じ感覚で電気を使えばすぐブレーカーが落ちてしまいます。ですから、そのぶん気をつけて使うようになり、それが節約につながります。

「基本料金0円」につられて電力会社を変えると、かえって損をする場合も。まずはアンペアを下げて節約することから。

「この子はうちの家族だから保険も」の落とし穴

――ペット保険の真相

◆ペットが事故を起こした時の損害賠償額は大きい

ペットを飼うのはお金に余裕がある人と思いがちですが、そうとは限らない。「ペット総研」の調査では、飼っている人の多くは、年収400万円未満の世帯だといいます（69ページの図表参照）。

犬も猫も、一生涯に必要な経費は100万円をはるかに超え、平均寿命で割ると年間10万円くらいはかかります。

収入が少ない世帯でもペットを飼っている大きな理由は、ペットが家族を癒す、大切な家族の一員となっているからでしょう。

ただ困るのは、こうしたペットが様々な問題を引き起こした場合。2017年には、生後10ヵ月の乳児が、ゴールデンレトリバーに噛み付かれて死亡し、飼い主の祖父母が書類送検される事件がありました。

2018年3月にも、小型犬のミニチュアダックスフントが暴走し、通行人に怪我を負わせたとして、大阪地方裁判所が飼い主に対して1280万円の賠償金の支払いを命じました。

実は、犬が人に危害を加える事件は、けっして少なくありません。2015年には4341件も起きていて、5人が死亡しています。

ペットの起こした事故で、多額の賠償請求というのは、あり得る話なのです。となれば、その備えとしてまず思い浮かぶのは、「ペット保険」でしょう。

ペット保険とは、ペットが病院で診察を受けたときの費用の一部を補償してくれるものです。これに「ペット賠償責任特約」が付帯していれば、ペットが他人に傷を

ペット飼育世帯の年収（2015年）

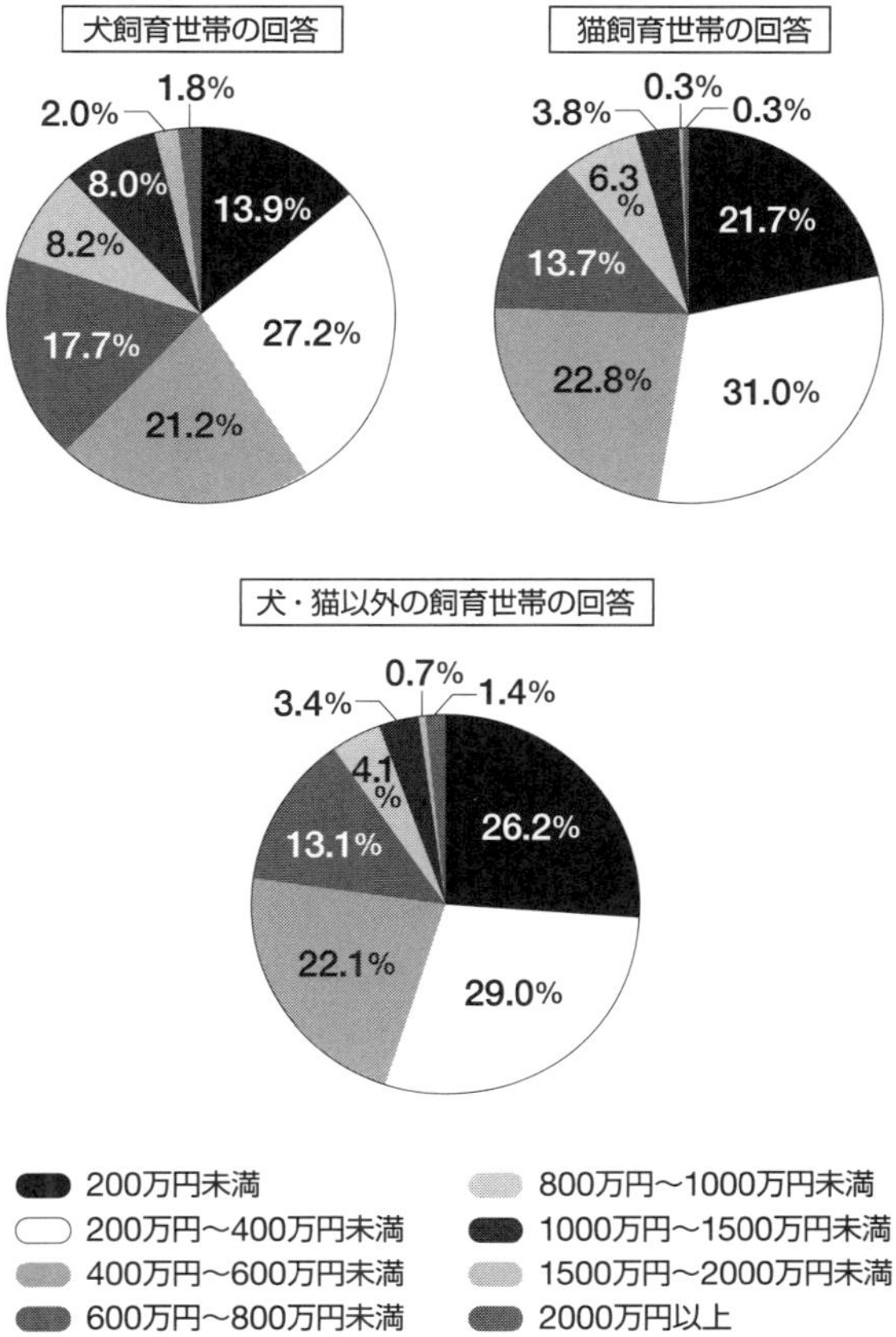

「ペット総研」アンケートをもとに作成

負わせたときや物を壊してしまったときの賠償金も補償してくれます。

ただ、ペット保険は保険料が高いものが多く、しかもペットの年齢が上がっていくに従い保険料も上がっていきます。また、ペット賠償責任特約は賠償金の上限が500万円から1000万円なので、せっかく加入していてもそれ以上の賠償をしなくてはならない場合には自腹を切らなくてはならなくなります。

◆ペット保険と他の保険、二重に加入していませんか？

しかし、実は、わざわざペット保険に加入しなくても、意外なことに自動車保険や火災保険がこの範囲をカバーしてくれるかもしれないのです。

自動車保険や火災保険には、特約として月100円から200円くらいで「個人賠償責任特約」がつきます。ペットの噛みつきだけでなく、自転車事故、階下への水漏れ、買い物中に商品を落として割ってしまった時、子供がモノを壊した場合などいろいろ対応しています。

「個人賠償責任特約」の補償は、通常は1億円くらいまでなのが一般的。しかも、補償の対象は保険の契約者だけでなく、家族全員です。

もちろん、「ペット保険」には、ペットの病院代の支払いが安くなる補償などがあって助かりますが、「他人に怪我を負わせたら困る」のを心配してペット保険に入っているなら、自動車保険や火災保険と補償がダブっているかもしれません。

こうした保険は焼け太りできない仕組みになっていて、1つ入っていても3つ入っていても、補償される金額は同じですから、保険料を無駄に払っているとしたらもったいないことです。まずは、今の保険内容を確認することです。

可愛いペットでも、賠償請求が来るのは怖い。そんな時に頼れる「個人賠償責任特約」が自動車保険や火災保険についているかも。

「ふるさと納税なら絶対損しない」の落とし穴

――寄付制度の注意点

◆一定額までなら、2000円の自己負担で寄付ができる

３００万人以上の人が利用している「ふるさと納税」。寄付額もこの10年で急拡大し、２０１７年度には、総額３６５３億円に達しました。

「ふるさと納税」は、自分が応援する自治体に寄付する制度。寄付金は、「一定額」までなら２０００円は自己負担するもののそれ以外は還付・控除され、所得税や住んでいる自治体に納める住民税がそのぶん減ります。

詳しい仕組みと税金が控除される「一定額」の目安は、総務省のふるさと納税ポ

ータルサイトで確認しましょう。この一定額を超えたぶんは、純粋に寄付ということで自治体に納められます。

◆災害寄付金も、被災地にすぐに届く

「ふるさと納税」の最も大きな魅力は、寄付した先の自治体から、お礼の品が送られてくること。

肉や野菜、魚、工芸品といった、その地域の独自性のある商品が多く、自分の好きなものをお願いすることができます。

あまり知られていませんが、いち早く地元に寄付金が届けられるのもこの制度の特徴です。例えば、令和元年九州大雨では、被害直後から300件以上、500万円以上の寄付が集まりました。2017年1年間に発生した災害への寄付額は、6億円を超えています。

また、地域に「人」「もの」「仕事」の好循環を生み出すためのクラウドファンデ

イング型の「ふるさと起業家支援プロジェクト」や「ふるさと移住交流促進プロジェクト」などもスタートしています。

ただ、産地直送のおいしいお肉や果物など、様々なものがもらえる「ふるさと納税」ですが、気をつけなくてはいけない「落とし穴」もあります。

◆住民税に期待しすぎて、慌てないように！

「ふるさと納税」は、寄付に応じてこれから支払う税金が安くなる制度です。**特に大きいのは住民税ですが、住民税は、該当する年の翌年の6月に決まり、そこから1年かけて支払われる仕組みです。**

例えば、2019年に5万円の寄付をしたとします。5万円から寄附金控除の基本の2000円を引くと、住民税で戻ってくるのは4万8000円。この4万8000円が、翌年の6月から月4000円ずつ、1年かけて給料から引かれていくことになります。

つまり、全額戻してもらうまでに2年近くかかる！

一度にまとまったお金を出し、後から回収していくシステムなので、家計のやりくりに支障が出ないようにしておかなくてはいけません。

また、２０１９年からは、手続きなどは従来と変わりませんが、３つのルールができました。それは、（１）お礼の品の返礼割合は3割以内、（２）お礼の品はその地域の特産品に限る、（３）控除対象になるのは、総務大臣の指定を受けた自治体だけ。ルールは今後も変わる余地がありそうですから、毎回きちんと調べましょう。

制度を上手に利用しながら、有意義な「ふるさと納税生活」を！

「ふるさと納税」は、納税される自治体も、寄付する人もトクする制度。ただ、気をつけないと先に支払う住民税の落とし穴も！

「生命保険料金は毎月払う」の落とし穴

――「毎月払い」のデメリット

◆意外なほど知られていない料金「まとめ払い」

「低金利なので、貯金しても増えない」とお嘆きの方も多いことでしょう。けれど、ちょっとした工夫で、いまあるあなたのお金を、簡単に確実に、驚くほどの金利で増やすことができます。

こう書くと、怪しい運用という気がするでしょうが、ご安心ください。

たとえば、決まった生命保険料を毎月支払っているという人は多いと思います。

ただ、生命保険は、月々支払うよりもまとめ払いにした方が、2～6%程度も安く

なるのです（会社、商品によっても異なります）。

たとえば、年払いにすれば割引率が４％になる生命保険があったとします。この保険に月々2万円ずつ支払うと1年間に24万円支払うことになりますが、まとめ払いなら、４％の割引になるので、支払額は23万４００円でよくなります。

ただ、１度に23万４００円も払えないという人も多いことでしょう。

◆思いきってまず年払いしてみよう

そこで、最初の1回だけは貯金を取り崩して23万４００円を年払いで支払い、次の月からは、今まで毎月支払っていた2万円を、銀行の積立預金にして自動積立していきましょう。すると、どうなるでしょうか。

支払いは、今までと同じ月々2万円という感覚ですが、1年後には24万円の貯金になっています。そこから年払いの23万４００円を引いてみると、９６００円が残ることになります。９６００円の得ということです。

これは、月々2万円ずつ積み立てて、利息が9600円付いたのと同じこと。積立の利回りに直すと、なんと8％になります。

なぜ、4％の割引なのに、積立預金に直すと8％になるのかと言えば、1年積立の場合、最初に預けた2万円は1年間まるまる預けますが、最後の月に預けた2万円は1ヵ月しか預けていないからです。

◆こんなにある、まとめて払うと安くなるもの

通勤、通学の定期券だと、もっと利回りは高くなります。

たとえば、国立駅から大手町の会社にJR中央線で通う場合、国立駅～東京駅間の1ヵ月定期代は1万6480円ですが、3ヵ月定期なら4万6970円、6ヵ月定期なら7万9100円です。ところが、毎月1ヵ月定期を3ヵ月間買い続けると4万9440円、半年買い続けると9万8880円になります。

3ヵ月定期だと2470円、6ヵ月定期だと1万9780円が浮くことに。利回

りで換算すると、３ヵ月定期なら利回り５％の貯金と同じ、６ヵ月定期ならなんと利回り25％の貯金をしているのと同じことになります。いまどこにもないほどの高金利なのです。

ほかにも、まとめて払うと安くなるものはたくさんあります。

火災保険は、１年ごとに支払うよりも10年分をまとめて支払ったほうが保険料は18％ほど安くなります。ただし、10年分の保険料を一気に払い込むだけの余裕がない人は、損害保険会社によっては、10年払いの保険料を分割で支払うことができるところもあり、これだと同じ保険料を毎月払うのですが、分割払いのほうが保険料は安くなります。これができるかどうかは各保険会社に聞いてみましょう。

地震保険も、最長５年までならまとめ払いができ、５年分をまとめて払うと４・４５年分でＯＫ。さらに、国民年金の保険料やＮＨＫの受信料など、まとめて払うと割引になります。

◆まとめ払い口座をつくろう！

まとめ払いを上手に活用すれば、高利回り貯金ができます。

そのために、まず、いま月々で支払っているものの合計を出し、最初だけはボーナスなどを取り崩してまとめ払いします。そして、まとめ払い口座をつくって、それぞれに月々支払っていたものを、その口座に貯金していきます。そして、たまった貯金から、保険類や定期など、まとめ払いできるものを払っていけば、確実に、口座にはお金が残っていきます。

割引になるのならば、利用しない手はありません。まとめ払い口座を使えば、今あるお金が5％以上で増えていくかも。**こんなノーリスクの貯蓄法を知らずにワケの分からない高利回り商品に目がくらむのは、残念なことです。**

毎月支払っている料金を精査して、まとめ払いを始めよう。まとめ払い口座を作って管理すれば、目に見える貯蓄ができてきます。

2 投資編

「投資でお金を増やしましょう」の落とし穴

――金融庁ホームページのからくり

◆国を挙げて「投資」キャンペーン

いま、政府は国を挙げて「投資」を勧めています。みなさんの中にも、国が勧める「投資」なら安全と信じかけている人も多いことでしょう。

しかも、金融庁のホームページの「投資の基本」というところを見ると、「貯蓄と投資の違い」という説明で、「貯蓄＝すぐに使うことができ、流動性の高いお金」、「投資＝中長期的な目線で増やすためのお金」とあり、イラストまで出ています。

ここでいう「投資」とは、株式や投資信託の購入です。

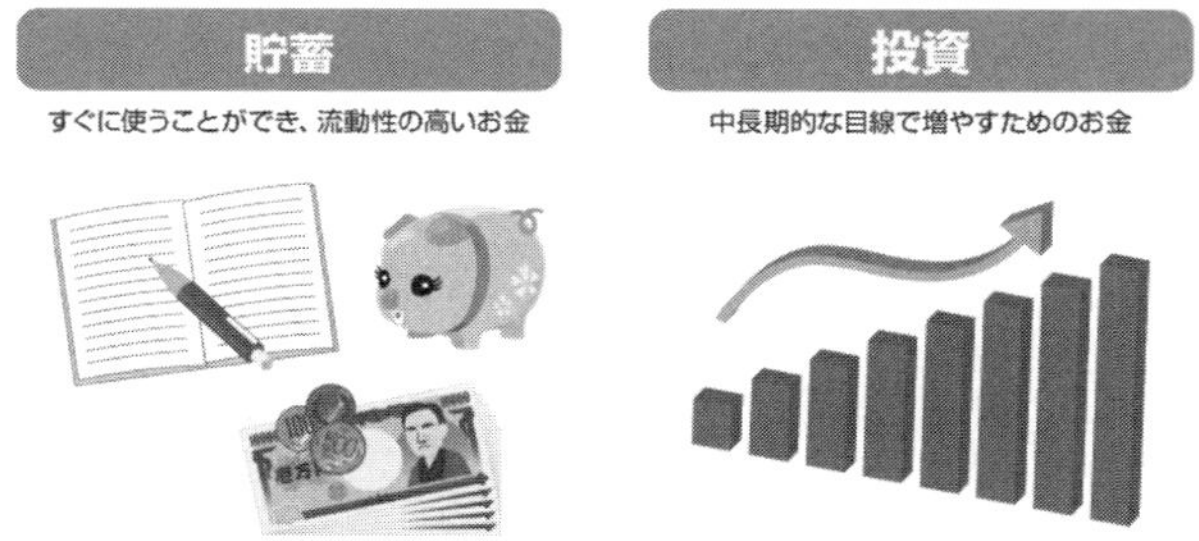
貯蓄
すぐに使うことができ、流動性の高いお金
投資
中長期的な目線で増やすためのお金

金融庁 HP「貯蓄と投資の違い」より

そして、教育資金や老後資金など、今すぐ必要にならないものは「投資」をすれば「値上がりや利益の分配などを通じて、預貯金よりも利益を得られる可能性が高い」と書かれています。しかも、投資は中長期的に行なっていくと、運用で得られた利益がさらに運用されて増えていく「複利」の効果があるとまで書かれています。

金融庁が、こんな右肩上がりのイラスト付きで投資を勧めるのですから、「将来のことを考えたら、投資したほうがいい」と思い込む人が多いのはもっともな話です。

◆「リスク」については歯切れの悪い説明が

もちろん、金融庁も「投資」である以上、リスクもあるということは書いていますが、その書き方がなんとも歯切れが悪い。

例えば、株価変動リスクについては「株（株式）の価格が上下する可能性のこと」と書かれています。普通は、株価が上がることを投資家にとってのリスクとは言いませんよね。上がったら儲かるのですから、誰が考えても、株価変動リスクとは、株価は下がるリスクのこと。

そもそも投資のリスクとは、投資で抱える危険性や損失のこと。ところが金融庁ホームページの前書きでは、「『リスク』はいわゆる『危険』や『損失』のことではなく『可能性』のことを意味している点に注目してみてください」などと、意味不明なことが書かれています。

どうしても、「投資は危険」「投資では損することもある」というイメージから、人々を意図的に遠ざけようとしているとしか思えません。

ちなみに、金融庁は、「投資」というのは損をするイメージがあるので、数年前に、「投資」という言葉をわざわざ「資産形成」という言葉に置き換えています。

◆たとえ国が勧めても、投資なんかおやめなさい

実は、投資で損をしている人が、多数出てきています。

金融庁の調べでは、銀行の窓口で投資信託を買っている人のなんと46％が損をしているということです。これは、２０１８年３月末のデータで、それから１年の間に、株などは下がっているので、損をしている人はもっと増えているのではないかと予想されます。

そもそも、国の資産運用も、大損になっています。

２０１８年10月から12月にかけての公的年金積立金の運用が、過去最大の14兆８０３９億円の大損失になりました。なぜ、こんなに大損してしまったかといえば、２０１４年に年金の運用方法を大きく変えたからです。

それまで年金積立金は、安全確実に運用しなくてはいけないということで、そのため6割以上がリスクのない国債などで運用されていました。

ところがこの運用方針を180度転換し、安全資産の国債などを35%に下げ、65%を株や為替のリスクがある運用に変えてしまったのです。

ただ、GPIF（年金積立金管理運用独立行政法人）のホームページを見ると、運用を変えてからの成績ではなく2001年からの収益額が累積56・7兆円、利回り年率2・73%とドーンと大きく出ています。

運用を変えてからの累積があまりに悪いので、変える前からの数字でごまかさなくてはならないのでしょうが、途中で変えても、変えていないような公表をしていては、国会で問題となっている統計偽造と同じではないでしょうか。

◆国ができないのに、個人がやって儲かる？

政府でさえこんな状況ですから、みなさんが儲かるとは思えません。**そもそも**

んなに投資で儲かるのならば、国の借金をどんどん投資の利益で返せばいいのです。
どんなに国が勧めようと、投資をするかしないか判断するのはみなさんです。

２０１９年は、中国の景気減速が鮮明になり、アメリカと中国の貿易摩擦やヨーロッパのブレグジットの不透明さで、世界経済の成長も鈍化してきそうです。投資は、景気が右肩上がりの時にするもの。国を信じてこんな時に「投資」を始めたら、泣きを見る可能性は大です。

国が、「投資をしろ」とみんなにハッパをかけているからといって、無理に投資などする必要はない。そもそも、国は年金運用で大損失を出す「運用下手」なのですから！

いくら国が勧めても、新制度を作ったり「投資」を「資産形成」と言い換えても冷静に。慣れないことに、貴重なお金を使わない！

「郵便局なら、安心です」の落とし穴

——郵便局の真相

◆「郵政民営化」でも、郵便局は実質的には国営企業

お金を運用したいと思っても、証券会社はなんとなく怖い。銀行も、最近は評判が悪くて、変な金融商品を売りつけられるのではないかと不安。

そんな人たちに、安心感を与えてくれるのが郵便局です。特に地方に行くと、JAか信用金庫か郵便局しかないところも多く、その中でも国がやっている郵便局は、絶大な信頼を集めています。

こう書くと、「でも、郵政民営化で、郵便局は民間企業としてスタートしたので

はないの」という疑問を持つ方もおられるでしょう。

確かに、郵政民営化で郵便局も民営化されたというイメージを持っておられる方は多いかもしれませんが、実態は国が大株主の国営企業です。

今の組織は、「日本郵政」の下に、郵便局をやっている「日本郵便」、銀行業務をしている「ゆうちょ銀行」、保険業務をしている「かんぽ生命」があって、その3社を取りまとめている「日本郵政」の株の63・29％は、財務大臣が持っています。

つまり、株の半分以上を国が持っているのですから、実質的には国営企業です。

ちなみに「日本郵政」は、「ゆうちょ銀行」の株の88・99％、「かんぽ生命」の株の89％を持っていて、この2社の株は随時市場に放出されていくことになっているので、将来的には完全に民間企業になるかもしれません。けれど、郵便局（日本郵便）の株は財務省がしっかり握っているので、郵便事業自体は国営のままです。

◆郵便局が売り出した投資信託の43％が基準価額割れに

ここまで読んだ皆さんは、「やっぱり銀行よりも信用できそう」と思うかもしれません。日本の場合、国営企業への信頼は絶大です。

けれど、国営企業だからといって過信するのは禁物です。

たしかに貯金だけなら安全かもしれませんが、いまは郵便局でも、投資信託などリスク商品を売っています。

いま郵便局で売っている投資信託は、窓口販売が67本、インターネット販売で141本。ただ、そのうちの88本が基準価額割れになっています。

つまり、売り出し時点で1万円払って投資信託を買った人の約4割が、マイナスになっているということです。中には、1万円出して買ったのに、2000円台、3000円台にまで下がってしまっている人もいるというありさまなのです（2019年8月30日現在）。

実は、郵便局で損をしているのは、投資信託だけではありません。個人年金でも、多大な損が発生しています。

◆郵便局の変額年金保険に募集停止が続々！

郵便局の窓口で売られている「投資信託」や「国債」「確定拠出年金」「変額年金保険」などの投資商品のなかでも、特に「落とし穴」になっているのが変額個人年金です。

ゆうちょ銀行のホームページを見ると、変額年金保険についてはメリットばかりが書かれています。

「公的年金の不足を補えます」「じっくり運用が行えます」「万一の保障があります」

これだけ見るとデメリットがない、とても良い商品のような気がします。そして、「ハッピーロード」「届く しあわせ」「人生年金 すてきに長生き」というまさに素敵に響くネーミングの3商品が紹介されています。

ところが驚いたことに、その商品のずっと下のほうを見ると、《募集停止の商品》というのが7つ記載されています。

《募集停止の商品》というのは、損が膨らみ運用が立ち行かなくなって、もうこれ以上加入者を募集せず、損を確定させたまま満期を迎えますというもの。加入者にとっては、まったくメリットがない年金保険です。

郵便局が大好きな人たちが、こんなところでずいぶんとカモになっている！

「証券会社や銀行は、なんだかカモにされそうで嫌だけれど、郵便局なら身近にあって国がやっているので、安心して投資できる」と思ったら大間違い。郵便局でも、損してしまい、その損が取り戻せずに泣いている人はたくさんいるのです。

でも問題は、それだけではありません。

◆過剰なノルマとズサンな経営で、不祥事続出！

2019年6月、郵便局が販売している保険商品が客に不利益を与えていたことから大騒ぎになりました。かんぽ生命によれば２０１９年3月までの5年間で顧客が保険の乗り換えで不利益を被った事例が2万３９００件、顧客が半年以上にわたり新旧契約の保険料を二重に支払っていた事例が約2万２０００件にものぼります。

これには驚いた方も多かったでしょう。

そもそもかんぽ生命保険の契約数は２９００万件にものぼり、圧倒的シェアを誇ります。〝庶民の味方〟のかんぽがこんな不適切営業問題を起こした理由は、局員に課された過剰な営業目標と販売ノルマといいます。

そして過剰なノルマの背景には、日銀による低金利政策のあおりを受けて、貯蓄性の保険商品がなかなか売れなくなったこともあるはずです。**「銀行よりも郵便局が安心だ」、なんて思い込みは捨て去ることです。**

郵便局は実質的に国営企業。だからといって「銀行に比べて信頼できる」も大間違い。鵜呑みにして、泣きをみないように！

#「分散してリスクを減らしましょう」の落とし穴

――分散投資の罠

◆「分散」しても、リーマンショックでは全部が大損！

投資の基本のように言われているのが、「分散投資」。この説明をするときに、よく言われるのが、「卵は、一つの籠に盛るな」という言葉です。

意味するところは「卵を同じ籠に入れておくと、籠を落としたら全部割れてしまう。でも、いくつかの籠に分けて入れておけば、一つの籠を落としても他の籠の卵は無事」ということで、これは投資のセオリー、基本中の基本とされています。

ですが、本当に分散投資で、損を減らすことができるのでしょうか？

２００８年9月15日、リーマン・ブラザーズ・ホールディングスが経営破綻し、世界中に「リーマンショック」が津波のように押し寄せました。

震源はアメリカでしたが、アメリカのドルが売られたために日本は円高になり、リーマンショック前に1ドル１１０円ほどだった円は、一時87円にまでなりました。この円高で、輸出産業は収益に大打撃を受け、そのため日経平均は大きく下がりました。２００８年1月には1万５１５７円だったのに、リーマンショック後の10月には６９９５円まで下がり、半値以下になりました。債券も、売られてキャッシュ化されたので、大幅下落しました。

つまり、ドル、株、債券と、別々の籠に資産を分けて入れていたにもかかわらず、卵はすべて一気に割れてしまったことになります。

◆「分散投資」は、大金持ちのためのもの

分散投資をしたからといって、リスクが分散できるとは限らない。

本当に分散するとすれば、まったく異なる先に分けるべきです。つまり片方が上がったときに、もう片方が下がる、といった性質のものに分散するのであれば、少なくとも卵が一気に割れるようなことはないでしょう。

しかし、実際には金融機関などが扱う商品はそれぞれ関連していますから、そういうふうにはならないことが珍しくないのです。

では、なぜ金融機関は分散投資を勧めるのでしょうか。

個人的には、分散投資にはプロ（金融機関）が必要だからではないかと思います。

素人だと、分散投資をしようにも、どうすればいいのかわからない。けれど、「プロなら、預かったお金を、現金、預金、株式、債券、不動産、金など様々なものに分散投資し、リスクを回避してくれるだろう」と誰もが思うわけです。

ですから、お金持ちほど自分の資産を守るためにプロに運用を任せる。そして、運用を託されたプロはお金持ちからたくさんの手数料を稼ぎます。

例えば、10億円の資産を持っている人の財産を分散投資したら、最低でも５００

0万円くらいの手数料は運用したプロに入ってくるはずです。一方で、お金持ちがこの手数料を上回る利益を得るのはかなり大変です。

◆手数料が欲しいから、分散投資を勧める

ただ、普通の人は分散投資するほどの財産は持っていません。なのに、なぜ普通の人にまで「これが基本」だと言ってまで分散投資を勧めるのでしょうか?

それは、普通の人には、手軽に買える「投資信託」を売りたいからでしょう。

投資信託は、金融機関にとってはおいしい金融商品です。株も為替も債券も不動産も金も、売買のたびに手数料が入ってきますが、儲けられるのはその時だけ。

ところが「投資信託」は、売る時と買う時以外にも、その「投資信託」を持っているあいだはずっと、「信託報酬」という手数料が入ってきます。買った人がその「投資信託」で損しようが得しようが、金融機関は確実に儲かる。中には「ファン

ドオブファンズ」で投資信託を複数組み合わせ、二重、三重に手数料が入るものも。

◆「全部ゆで卵にする」という方法がある

ちなみに、分散投資でリスクを減らすということは、投資の世界では、同時にリターンも減るということになります。リスクだけは分散投資で減らして、リターンはそのままなどということはありえません。

そもそも、リスクが嫌なら、投資しなければいいだけの話です。

冒頭の「卵」の話に戻りましょう。じつはもうひとつ、卵を守る方法があります。**それは卵を、「全部ゆで卵にしておく」。「ゆで卵」とは、銀行の預金のこと。**そうすれば、籠を落としても、割れて食べられなくなってしまうことはないでしょう。

投資の鉄則も、本当の危機には役に立たない。リスクに備えようと手数料を取られるよりも、手堅く「銀行に預金しておく」選択を！

「老後資金を増やすのにぴったりです」の落とし穴

——長期投資の盲点

◆投資は長い目で見るのが正解？

分散投資と並んで、投資のセオリーのように言われているのが「長期投資」です。

銀行の窓口に行くと、「この投資信託は長期投資向きですから、老後資金を増やすのにはぴったりですよ」などと勧められます。

会社を定年退職し、多額の退職金をもらった人は、つい共感するかもしれません。

「確かに、私の人生もいろいろなことがあったけれど、結局、長い目で見たら会社でも出世したし、退職金もかなりもらえたから右肩上がりだったか」

そして、勧められるまま「投資信託」を買ってしまう。

投資の目的は儲けることですが、本当に「短期投資」は儲からなくて、「長期投資」は儲かるのでしょうか？

また、「素人が投資するなら長期投資」とよく言われます。目先で一喜一憂するよりも、長い目で見た投資のほうが素人向きだと言うのです。

でも、それは本当でしょうか？

◆10年先のことだって全く予測できない

投資で最も大切なのは、将来への見通し。そう考えた時、1ヵ月先は想像できても、10年先は予想もつかないという人がほとんどではないでしょうか。

いまから10年前に、安倍政権がこんな長期政権になっていたり、トランプが米国大統領になったり、イギリスでEU離脱騒動が起きることを想像できた人はいなかったと思います。

マーケットは、こうした要素を織り込みながら動きます。10年先の、誰も予想できない状況で動くのではなく、目先の変化で動くのです。目先で起きていることの方が、予測しやすく、判断しやすいからです。実際、「短期投資」の方が、儲かる可能性は高い。

投資信託などを運用しているファンドマネージャーでも、10年先を予測して投資商品の運用をしている人というのはあまりいないでしょう。なぜなら、ファンドマネージャーの多くは勤め人。3ヵ月（まれに6ヵ月）くらいのスパンで運用成績が出ますが、その成績が良くないとペナルティーがある。外資系などは、悪ければクビになります。

そんな目先の成績を上げることに必死な人たちが、10年先を考えた運用などできるはずはないでしょう。

◆日本のマーケットは長期では考えられないギャンブル相場に

確かに、アメリカ株は、ここ30年で右肩上がりに上がっています。30年前と比較すると、なんと13倍にもなっています。

けれど、日本株はどうでしょう。30年前には3万8000円、今は2万円前後。3万8000円で株を買った人は、長期で損している可能性があります。

では、ドルはどうでしょうか。30年前は1ドル約140円でしたが、今は約105円。30年前に買ってずっと持っていた人がいたとすれば、やはり損しています。

そもそも、今の日本の株式市場は、公的資金に買い支えられた歪んだ市場です。一部上場企業の株の約1割は、日銀と私たちが積み立てた年金（GPIF運用）が買い占め、一部上場企業の3社に1社の筆頭株主が公的資金という状況。思わず「この国は、中国か！」と言いたくなってしまいます。

こんな歪んだ株式市場では、外国人投資家のように短期で稼ぐ投機はできても、皆さんが思い描くような長期投資など望めません。

では、なぜ長期的展望などない相場なのに、長期投資を勧めるのか。

それは、買った投資信託が値下がりして客が怒鳴り込んできたら「まあまあお客様、落ち着いて。これは、長期投資の商品ですから」などと、なだめることが容易だからではないかと思います。さらに、何年か損失が続いて、再び客が怒鳴り込んできた時には、もう担当者はその部署にはいなくなっているかもしれません。

すでに日本の市場は歪み、素人が長期投資のカモになっているのです。

1ヵ月先も見通せない中で長期投資など、ありえません。今の日本には、展望もなく、長期投資を考えているプロなどいない。公的資金で歪んだ相場の中では、外国人投資家のように、刹那的にギャンブルで稼いでいくしかないのです。

言われるまま「投資は長期」と信じてはいけない。歪んだ日本の相場でカモにされるだけ。老後のためのお金をつぎ込んではダメ！

「個人向け国債0・05％の利率を2倍にしますよ」の落とし穴

——証券会社の狙い

◆金利が約2倍の証券会社がある?!

「個人向け国債の金利は、購入する金融機関によって金利が約2倍になります」

こう書くと、「それは嘘だろう。国が発行している国債の金利なのだから、どこで買っても同じはずじゃないか」と思う人が大部分でしょう。

確かに、普通に考えればそうなのです。

ところが、本当に、証券会社によって、金利が実質的に約2倍になるところがあるのです。

その不可解な謎を解明する前に、まず、ちょっと「国債」についてのおさらいをしておきましょう。

「国債」は、国が発行している債券で、元本が保証されています。この国債の中でも、個人が手軽に買えて元本割れしないのが「個人向け国債」です。

個人向け国債には、「固定3年」「固定5年」「変動10年」の3タイプがあって、表面利率は2019年2月15日発行のもので、0・05%。つまり、100万円預けて年間にもらえる利息が500円（税引き前）ということ。なんだ、これっぽちかと思いますが、銀行に預けると金利は0・001%ですから、100万円預けても10円の利息。ですから、金利だけだと銀行預金よりはちょっといいということになります（どちらも税引き前）。

もちろん国債には注意点もあります。銀行の預金はいつでも引き出せますが、国債には解約できない期間があり、その期間内だと、大規模な災害に遭遇したり名義人が亡くなったりするといったアクシデントがない限り、中途換金できません。つまり、利率は国債のほうが少しいいけれど、自由度は預金のほうが高いということ。
ただ、この「個人向け国債」の金利を約2倍にする方法があります。**それは、証券会社がやっている「国債キャンペーン」を利用するのです。**

◆1億円で30万円の現金がもらえるのは、銀行金利の約100倍!

たとえば、野村証券がやっている「個人向け国債キャンペーン」は、次ページの表のように、一定量の国債を買った人に現金をプレゼントしています。100万円購入すると2000円の現金がもらえる、というのがうたい文句です。

例えば、5年債なら、5年預けて2000円のプレゼント。つまり、1年間で400円の現金がもらえる計算です。1000万円預けて年に4000円がもらえるなら、利回り0・04%。つまり、5年債の利回りは0・05%ですが、ここに0・04%プラスされるので、0・09%で、通常の国債金利の約2倍。

同じ5年債でも、1000万円預けると3万円をもらえるので、1年では6000

野村証券の個人向け国債キャンペーン

プレゼント金額上限なし!

対象金額	プレゼント金額	
	10年債	5年債
100万円以上 200万円未満	**2,000円**	
200万円以上 300万円未満	4,000円	
300万円以上 400万円未満	6,000円	
400万円以上 500万円未満	8,000円	
500万円以上 600万円未満	**15,000円**	
600万円以上 700万円未満	18,000円	
700万円以上 800万円未満	21,000円	
800万円以上 900万円未満	24,000円	
900万円以上 1,000万円未満	27,000円	
1,000万円	**40,000円**	**30,000円**
以降 100万円増額ごとに	4,000円追加	3,000円追加
(例) 1億円	**400,000円**	**300,000円**

野村証券 HP をもとに作成

0円ということになり、利回りは0・06%。ここに、個人向け国債の利回り0・05%を足すと、利回り0・11%となり、金利は実質的には2倍以上になります。ちなみに、1億円買ったら、なんと30万円が現金でもらえる。

先述のように銀行預金と比べたら、自由度は少ないですが、実質的な金利が銀行金利の約100倍になるなら、キャンペーンを利用して「個人向け国債」を買うのはおトクと、誰もが思うことでしょう。

けれどそこには、思わぬ落とし穴があります。

◆証券会社の思う壺にハマらない!

「個人向け国債」は、財務省が発行し、銀行や証券会社が販売している商品です。財務省は、国債を売るために、金融機関に販売手数料を支払っています。例えば、「固定5年」の場合だと、額面100円あたり30銭を払う。つまり、100万円売ったら金融機関は3000円の手数料を財務省からもらう。1000万円売ったら、

3万円の手数料をもらいます。

これは、通常は考えられないことです。なぜなら、1000万円売って3万円の手数料を財務省からもらっても、その儲けと同額のキャッシュバックをしてしまったら、証券会社の儲けはゼロ。儲けゼロどころか、経費分だけ持ち出しになり、誰が考えても、こんな慈善事業のような商売を証券会社がするなんて、ありえない。

でも、こんな儲けがゼロどころかマイナスになる損な商売をするのは、その先に、金融機関にとっての大きな儲けが見えているからです。

こうしたキャンペーンをやっているのは、銀行ではなく証券会社。

なぜ、銀行はキャンペーンをせずに、証券会社は一生懸命にキャンペーンをするのかといえば、銀行は個人の口座を押さえており、誰が金持ちなのかをすでに把握しています。金持ち向けに投資やローンなどを持ちかけて稼ぐことができます。

ところが証券会社は、証券口座ですでに投資をしている人はわかっていても、あまり投資をしたことがないけれどお金持ちという人が、どこにいるのかわからない。

そこで、投資をしたことがない人が興味を持ちやすい「個人向け国債」のキャンペーンで撒き餌をし、お金持ちを集めようということでしょう。そして、次の段階で、「個人向け国債」を多額に預けた人に「でも国債では増えません。もっといい投資がありますよ」と投資に誘い込み、ここでしっかり儲けて元を取る。

ですから、国債を買うなら、証券会社を選ぶのが「賢い」。でも誘い文句に乗って他の投資にまで乗り出してしまうと、残念なことになるかもしれません。

個人向け国債を買うなら、金利が倍になる証券会社が確かにおトク。損をしたくないなら「堅実に、国債だけを買う」スタンスで。

「コツコツ資産形成を」の落とし穴

——貯金好き気質の末路

◆日本人の資産の半分以上は「貯金」

日本人は、世界で一番、「貯金好き」なのだそうです。

日銀の統計（２０１７年3月末時点）を見ると、個人の金融資産に占める貯金の割合は51・5％。アメリカの13・4％、ヨーロッパの33・2％に比べると、いかに貯金が好きかわかります。

ある時、なぜこんなに日本人が「貯金好き」なのか調べていて、驚くべき事実を発見しました。**戦前は、それほど「貯金好き」ではなかったのです。**

今から70年前、日本は第二次世界大戦で負け、多くのものを失いました。国土は壊滅的な打撃を受け、ゼロから再び経済を立て直さなくてはならない状況になりました。

ここまでは、皆さんご存知のことでしょうが、私が驚いたのは、そのあとです。**ゼロになってしまった経済を立て直すために、政府はいろいろなことをしましたが、その一つが「貯蓄教育」でした。**

みんなで金を稼ぎ、稼いだ金を銀行に預け、銀行がその金を企業に融資し、企業が設備投資して企業を大きくして人を雇い、雇われた人が給料をもらってその一部を銀行に預けるという、経済の好循環を作るためには、「貯蓄教育」が必要だということになったのです。

そのために、日本銀行や大蔵省（現・財務省）は、国民に、徹底的に「貯蓄教育」をしました。１９４６年には、日本銀行の通貨安定対策本部を中心に「救国貯蓄運動」が始まり、なんと小学校に、子供の「貯蓄教育」のための「こども銀行」

なる制度が置かれました。

◆「こども銀行」は強制貯金で、貯蓄意識を植え付けた

小学校の「こども銀行」と聞くと、おもちゃの紙幣で子供たちが銀行ごっこをする様子を想像しますが、当時の「こども銀行」はそんなヤワなものではありません。

学校が、「こども通帳」なるものを作り、毎月、決まった日に、小学校5年生、6年生を体育館に集めます。そこに来ている金融機関の人に本物のお金を預けて貯金させる。今の常識では考えられませんが、学校が、家から現金を持って来させ、体育館で金融機関に強制貯金をさせていたのです。そうやって、幼い子供に貯蓄精神を叩き込んでいた！

さらに、1950年には、各都道府県に「貯蓄推進委員会」が相次いで発足し、1952年には、日本銀行の中に「貯蓄増強中央委員会」が設置されました。また、

1958年には「貯蓄実践地区」制度が創設されるなど、国を挙げての「貯蓄教育」が、戦後、日本の津々浦々にまで広がっていきました。

この嵐のような「貯蓄教育」の中で育ったのが、いまの高齢者です。

◆「とにかくコツコツ貯金しよう」という国の方針が、180度変わった！

日本人は、コツコツ貯金するのが好きです。そのベースには、前述のような徹底した「貯蓄教育」がありました。

特に高齢者は、日本の復興とともに豊かさを手に入れてきた世代。懸命に働いて貯金すれば、確実に幸せが積み上がっていく実感を持てた。そこで、自分の子供にも、一生懸命働いて、コツコツ貯金をしていくことが大切だということを教えてきました。

ところが2000年頃から日本経済はグローバル化し、国は「貯蓄から投資」へと180度方向転換。**今は「貯蓄教育よりも投資教育が大切」と言い始めています。**

けれど、「三つ子の魂百まで」。なかなか、みんなは投資へと進まない。

そこで、国が旗振り役になり、各金融機関がそこに続いて「ｉＤｅＣｏ（イデコ）」「つみたてＮＩＳＡ（ニーサ）」という2大投資商品の売り出し大キャンペーンを始めました。**「貯金感覚でコツコツ将来の資産形成ができます」「節税できます」という、日本人の従来持っている蓄財志向に合わせて、投資商品を、まるで貯金のように売り出したのです。**

当人はコツコツ積み立てる貯金感覚でも、これらはあくまでも「投資」です。貯金感覚で臨むのは間違い。「ｉＤｅＣｏ」「つみたてＮＩＳＡ」のメリットはいろいろなところに書かれているので、次項でデメリットを中心に書きます。

日本人の貯金好きは戦後の「貯蓄教育」があったから。まるで貯金のような「投資」には乗せられやすいので、十分気をつけて！

「老後の備えに:iDeCoをお勧めします」の落とし穴

——個人型確定拠出年金のデメリット

◆誰でも加入できるのが人気

「公的年金もあてにならないし、そもそも自営業者は年金が少ないので、老後の備えにどうですか?」

金融機関の窓口に行くと、こんな言葉で勧められるのが「iDeCo(イデコ)」です。老後資金を、定期預金や投資信託で積み立てていくというものです。

それまで、企業年金には「日本版401K(確定拠出年金)」がありました。これは、将来の退職金を、社員が投資信託などで運用していくというもので、かなりの企業が導入しています。

そして、個人には個人型確定拠出年金がありました。**この個人型確定拠出年金が、2017年1月からは、専業主婦や公務員も加入できるようになり、「iDeCo」という愛称で大々的にスタートしました。**

「iDeCo」は、「日本版401K」同様に、各種の投資信託か定期預金で一定額を積み立てて、これを老後にもらうというもの。

そして、「iDeCo」の最大のメリットは、節税しながら投資商品の積立ができること。毎月の掛け金は、全額所得控除になります。また、運用中に利益が出た場合も非課税になります。さらに、年金を受け取る時は退職所得控除と公的年金等控除になります。

つまり、コツコツ積み立てられるだけでなく、節税のオマケもついているということ。さらに、金融庁が一定の基準を設けてスクリーニングした金融商品がラインナップされているので、金融機関の中には、まるで金融庁がお墨付きを与えたもののようなニュアンスで売っているところもあります。

◆最大のネックは、中途解約できないこと

「積立」と「節税」という2大特典付きで、しかも金融庁が肩入れしている。将来もらえるのが国民年金で「不安」という自営業者や専業主婦に向けて、「年金の不足分が補充できる」と、国が大々的にキャンペーンを展開してもいます。だとすれば、これはもうやるしかないと思う方がたくさん出てくるのも、当然な流れでしょう。

けれど、ちょっと待ってください。「ｉＤｅＣｏ」が、本当にバラ色の未来を約束してくれる金融商品なのかどうかを検証してみる必要があります。

金融商品を検証するときに、一番大切なのは、メリットだけでなく、その商品が持つデメリットは何かを把握すること。そうしないと損をするからです。

では、「iDeCo」のデメリットは、どんなところでしょう。

それは、積み立てたものが、基本的に満60歳になるまで引き出せないというところです。

もちろん、加入中でも途中で掛け金を下げたり、積立を一時休止することはできます。また、病気や怪我で障害を負ったら、障害年金などで受け取ることはできます。さらに、加入者が死亡したら、その時点で遺族が口座にあるお金を死亡一時金として受け取ることもできます。

加えて、生活していけなくなるなど次のページに挙げた5つの支給要件をすべて満たす場合には、60歳未満でも、脱退一時金を受け取ることが可能です。

ただ、この5つをすべて満たすというのはなかなか難しいので、基本的には、「iDeCo」は、いったん加入したら60歳までお金を引き出せないと思ったほうがいいでしょう。

iDeCoの毎年の拠出上限額

自営業者	月額6万8,000円 (年額81万6,000円*)
会社に企業年金がない会社員	月額2万3,000円 (年額27万6,000円)
企業型DCに加入している会社員	月額2万円 (年額24万円)
DB (確定給付企業年金) と 企業型DCに加入している会社員	月額1万2,000円 (年額14万4,000円)
DB (確定給付企業年金) のみに 加入している会社員	月額1万2,000円 (年額14万4,000円)
公務員等	月額1万2,000円 (年額14万4,000円)
専業主婦 (夫)	月額2万3,000円 (年額27万6,000円)

＊国民年金基金または付加保険料との合算

iDeCoの脱退一時金を受給する5つの要件

〈支給要件〉

1. 国民年金の第1号被保険者のうち、国民年金保険料の全額免除又は一部免除、もしくは納付猶予を受けている方
2. 確定拠出年金の障害給付金の受給権者ではないこと
3. 通算拠出期間が3年以下、又は個人別管理資産が25万円以下であること
4. 最後に企業型確定拠出年金又は個人型確定拠出年金 (iDeCo) の加入者の資格を喪失した日から2年以内であること
5. 企業型確定拠出年金の資格喪失時に脱退一時金を受給していないこと

※1. の要件は、日本国の国民年金保険料の免除を受けていることが必要であり、外国籍の方が帰国後に国民年金の加入資格がなくなった場合は、これに該当しません。

◆いざという時に引き出せない！

一方で、「ｉＤｅＣｏ」の最大のメリットは節税。ですから、儲かっている自営業者にとってはメリットが大きいかもしれません。

ただ、自営業の場合、仕事で儲かって節税しなくてはならないような良い時ばかりとは限りません。商売をやっていれば、山もあるけれど、谷もある。その谷の時に、もしかしたら事業の資金繰りに困るということも出てくるかもしれません。

たとえば、会社が倒産しそうになり、いま「ｉＤｅＣｏ」に積み立ててあるお金が手元にあれば、急場をしのげるということも出てくるかもしれません。けれど、「ｉＤｅＣｏ」のお金は出せませんから、高い金利のお金を借りなくてはならなくなるかもしれません。銀行も、倒産しそうな会社にはお金を貸してくれません。

ちなみに、「ｉＤｅＣｏ」には、専業主婦も加入できますが、そもそも専業主婦は、自分で稼いでいないので納税していません。ですから、**節税メリットは享受できませんから、専業主婦にとっては、最初からメリットはあまりない。それどころ**

か、損をしてしまう可能性もあります。

なぜなら、「ｉＤｅＣｏ」は、口座を開設する時に最低でも２７７７円かかります。さらに、運用期間中も毎月１６７円の維持管理料を支払わなくてはならない。それで、もしリスクはあまり取りたくないからと安全確実な定期預金のほうを選んだら、今の低金利では、完全にマイナスになってしまいます。

しかも、「ｉＤｅＣｏ」は投資ですから、増える可能性も減る可能性もあります。リーマンショック級の株価の下落などがきたら、ひとたまりもありません。もしそうなったら、収入がない専業主婦にとっては手痛い打撃かもしれません。

◆結局は公務員に最適な金融商品

自営業者はお金が自由にならない、専業主婦は節税メリットがないとなると、「ｉＤｅＣｏ」は、誰にとって最もメリットが大きいのでしょうか。

「ｉＤｅＣｏ」で有利なのは、所得が高いので節税しなくてはいけない人。60歳まで安定的な収入があるので、引き出さなくてもいい人です。この２つの条件がぴったり当てはまるのが公務員。民間の平均給与は約４００万円ですが、公務員の平均給与は約７００万円あります。**給料が高く、クビになる心配もないのですから、「ｉＤｅＣｏ」で最もメリットを受けるのは公務員と言えます。**

２０１７年１月から、専業主婦と公務員が加入できるようになっています。それまで公務員が加入できなかったのは、税金で食べている人たちが節税するなんて！　という批判が根強くあったからです。

けれど、蓋を開けてみたら、最も恩恵に浴するのは公務員なのでした。

よく聞く「ｉＤｅＣｏ」は大キャンペーン中。最大のデメリット「60歳まで引き出せない」が人生設計と合うか、厳しく吟味を！

『それなら『つみたてNISA』はどうですか』の落とし穴

――少額投資非課税制度の罠

◆国は強く後押しするけれど

「iDeCo」と同じように、政府が強く後押しをするもう一つの「積立投資」が、2018年1月からスタートした「つみたてNISA（ニーサ）」です。

「つみたてNISA」の説明をする前に、「つみたてNISA」の生みの親とも言える「NISA」についてお話ししましょう。

「NISA」とは、正式には「少額投資非課税制度」と言って、2014年1月にスタートした投資で税制を優遇する制度です。**通常、金融商品は儲かったら儲けの**

20％を税金として納めなくてはなりませんが、「ＮＩＳＡ」の口座の枠内で買った株式や投資信託は、税金を払わずにまるまる手取りになります。途中で受け取る配当も、通常は20％課税されますが、「ＮＩＳＡ」の口座の枠内なら、まるまる手取りになります。

「ＮＩＳＡ」の枠は、最大１２０万円。この枠が使えるのは最長５年です。

◆金融機関が積極的には説明しない「ＮＩＳＡ」の欠点

「ＮＩＳＡ」は、儲かっても税金が引かれないという大きな魅力がありますが、では、損した時にはどうなのでしょうか。

「ＮＩＳＡ」に入れていた金融商品は、５年経ったら出さなくてはなりません（２０１８年までに口座開設したものは、もう一度５年間預けられた）。投資ですから、儲かる時もあれば損することもありますが、「ＮＩＳＡ」の口座から出す時にマイナスになっていれば当然損をします。

例えば、100万円の株を買って5年後に「NISA」から出すとします。このときに、150万円だったら、通常は50万円の利益から、税金20%にあたる10万円が引かれます。けれど、「NISA」は非課税なので、10万円は引かれずに儲けは丸々手取りになる。ここが大きな魅力なわけです。

ただ、投資商品ですから、100万円で買った株が50万円になってしまうこともありえます。「NISA」は5年限定なので、50万円になっていても5年後には出さなくてはなりません。**問題はこの非課税期間の終了時にあるのですが、たとえ100万円で買った株でも、「NISA」の口座から出す時に50万円だったら、取得価格が50万円だったということになります。**

ですから、100万円で買った株が再び100万円になった時に売ると、これで元に戻って損はしないように思いますが、実は「NISA」から出した時の50万円が取得価格となっているので、50万円も値上がりして儲かったとみなされて、10万円の税金を支払わなくてはならないのです。

儲かりもしないのに、「ＮＩＳＡ」の口座に入れたばかりに、税金を支払わなくてはならないなんて、理不尽な話です。

ところが、このことはあまり知られていません。金融庁の「ＮＩＳＡの基礎知識」を見ると、デメリットとして「１人１口座しか開設できない」とか「新規投資でないと使えない」とか「損益通算ができない」ということは載っていますが、前述したような値下がりした時に起きるかもしれないデメリットについては記載なし。

金融庁でさえ書かないのですから、金融機関がわざわざこんなデメリットを教えてくれるはずはないでしょう。

◆制約が多すぎるのに、儲けは保証されないなんて

では「つみたてＮＩＳＡ」はどうでしょうか。利益にかかる税金が非課税というところは「ＮＩＳＡ」と同じですが、違うところは、投資対象商品が、金融庁が定めた基準を満たす投資信託とＥＴＦのみ。途中で別の投資信託に切り替えることが

できず、切り替えたければ売却する必要があるということ。

わかりやすく言えば、投資する額にも商品ラインナップにも制限があって、最初に決めた商品でずっと最後まで積み立てていかなければいけないのです。

もし途中で「これはダメなので、違うものにしたい」と思ったら、今あるものを売って欲しいものを新しく買わなくてはなりません。加えて、「ＮＩＳＡ」もそうですが、普通の証券口座なら損したものと儲かったものの損益通算ができるので課税部分を減らしたり、損を翌年に繰り越すことができますが、「つみたてＮＩＳＡ」では、それはできません。つまり、投資商品としては、様々な縛りがありすぎます。

「つみたてＮＩＳＡ」は儲かったら非課税というメリットの一方、制度的に様々な制約が多すぎる。それでもやってみる？

「初心者でも稼げます」の落とし穴

――「ほったらかし投資」の盲点

◆「ほったらかし投資」は、将来、増えるのか？

「ほったらかし投資」という言葉が、話題になっています。

これは、投資商品を毎月一定額ずつ買って積み立てていけば、ほったらかしにしておいても将来の資産形成ができるという投資方法。金融庁が旗振り役になって勧めている「つみたてＮＩＳＡ」などがこれにあたります。

「つみたてＮＩＳＡ」については先述したので、ここではそれ以外の積立投資商品について見てみましょう。

まずは、積立投資の元祖ともいうべき株式積立投資「るいとう」（株式累積投資）です。

◆毎月一定額を買い付けていけば、積立のように増えていく？

「るいとう」は、毎月一定額ずつ株を買っていく投資。通常、株は100株単位、1000株単位など、買わなくてはいけない最低限の単位があるので、1万円などの少額では買えません。

けれど、「るいとう」の場合、月1万円だったら、1万円分の株が買えます。たとえば、1ヵ月目に1万円で10株、2ヵ月目は株価が上がったので1万円で8株、3ヵ月目は逆に株価が下がったので12株買えたとしましょう。

これだと、3万円で30株買えたことになり、平均すると月に10株ずつ買っていることになります。ですから、株価が上下してもコンスタントに買い続けていくので株価が平均化されるというのが、「ほったらかし投資」の良さなのだそうです。

ただ、ここには大きな落とし穴があります。

◆「ほったらかし投資」は、「ほったらかし買い付け」されている！

「ほったらかし投資」の最も大きな欠点は、投資商品の値段が、高かろうが安かろうが毎月決まった日に決まった額を買わなくてはいけないということ。

なんと、「安い時に買って高い時に売る」という投資の必勝パターンを、100%無視した投資方法なのです。

どうしてそうなるのかと言えば、買う日を決めておけば機械的に買うので面倒がないという金融機関の都合が優先されているから。それを、「平均化される」と言っているのですが、これを言い直すと、株価が下がっている時にはわざわざ高いものを買わされるということです。

仮に、「ほったらかし投資」が言うように、平均化して損もトクもなく買えたとしても、毎月引かれる買い付けにかかる手数料で損する可能性が高い。

大きなスパンで見れば、バブル以降、日本の投資商品は、株の下落と円高で下がり続けています。ここにきてちょっと上がりましたが、外国人投資家などが逃げ出しているので、また下り基調になる可能性があります。そんな中で、本当に儲かる投資ができるのか。

「ほったらかし投資」という投資商品は、金融機関が、投資環境に関係なく「ほったらかし買い付け」をして儲けている投資商品なのです。

そんなもので儲かるなどとは、夢々思わないほうがいいでしょう。

「ほったらかし投資」で資産形成できると思ったら大間違い。実情は金融機関による無責任な「ほったらかし買い付け」！

「合計利回りが10%にもなる」の落とし穴

——株主優待制度の表裏

◆株の持ち合いが崩れ、「株主優待」が増えている

株を持っている株主に対して、さまざまな特典を与える「株主優待」。演劇や映画などが割安になったり、無料になったり。飛行機なども格安で乗れるほか、金券そのもの、最近は、欲しいものを株主が選べるカタログ方式の「株主優待」も出てきています。

しかも、ここにきて「株主優待」をさらに充実させる企業が増えてきています。

その理由は、企業買収が日常茶飯事になりつつあり、いつ狙われるかわからない

から。企業としては、自分の会社を敵対的な買収などから守るためには、安定的な株主を増やしておかなくてはならないという事情があります。

かつては会社同士が株を持ち合うことで経営権を安定させる「株の持ち合い」が盛んに行われていて、それが経営の安定につながっていました。ところが、会計制度が変わって、必ずしもそうすることが有利とは限らなくなり、相手企業が株を手放すなか、注目されたのが、小口で株を買う個人の株主。こうした株主を大切にして会社を応援してもらいたいということで、「株主優待」が充実してきました。

◆「株主優待」と株の「配当金」で、利回り10％を超えるケースも

2018年までに「株主優待」を実施している上場企業は1450社、上場している企業3663社の約4割になっています。

「株主優待」では、株主に自社商品のファンになってもらい、安易に株を売らない安定株主を確保することが目的。ですから、自社商品を割引販売したり、無料提供

するケースが多いです。

たとえば、すかいらーくホールディングスでは、100株から299株の株主に、店で使える3000円のカードを進呈しています。このカードは、半期に一度もらえるので、年間では6000円相当になります。同社の株は、100株で18万7200円で買えますから、約3％のオマケがついてくるようなもの。

日本マクドナルドホールディングスも、100株以上の株主に、店で割引が使える優待食事券を進呈しています。同社の株は、100株で48万5000円ですが、マクドナルドを頻繁に利用する人には有利かもしれません。

株を持っていると、株主優待のほかに会社が儲かれば株に対して配当金もつくケースも多いので、合わせて利回りが10％を超えるところもあります。

◆5％割引でも、株価が5万円下がっていたら？

年々おトクが増している「株主優待」ですが、もちろん落とし穴もあります。それは、株価の方が変動するということ。
たとえば、三越伊勢丹ホールディングスの株を１００株買うと、買い物が30万円を上限に10％引きになるカードをもらえます。通常のカード会員は５％引きなので、それよりもさらに５％安くなるということ。
ただ、株価を見ると、１年前に１００株約14万円だった株価が、現状では８万９２００円。１年前に株を買った人は、買い物で５％多く割引してもらっても、元が取れていない！（本項の株価はすべて7月24日現在）
株は、基本的には値上がり益や配当で儲けるもの。「株主優待」は、プラスアルファーとしてついてくるものだということをお忘れなく！

最近、充実してきている「株主優待」。確かにおトクではありますが、株価の下落でそのおトク分は簡単に吹っ飛びます！

3 保険編

「入院ゼロでも給付金が出ます」の落とし穴

――「日帰りOK」保険の盲点

◆「日帰り入院給付」型が一番高い

昔は、民間の医療保険も、入院して4日間は保険が支払われず（免責期間）、5日目から入院給付金が出るというものが主流でした。

ところがいまは、1泊2日から給付金が出るタイプが増え、さらに日帰り入院でも給付金が出るタイプの保険が増えています。

もちろん、支払う保険料は5日目から出る保険が一番安く、次に安いのが1泊2日。じつは「日帰り入院給付」が一番高くなります。カバーする範囲が大きければ、保険料が高くなるのは当然のことでしょう。それでも、保険に入る以上はなるべく払われる可能性が高いほうを選びたくなるのは人情というもの。

でも本当に、高い保険料を払って医療保険を「日帰り入院給付」にする必要があるのでしょうか。

生命保険では、死亡したら死亡診断書、入院したら診断書を病院からもらって保険会社に請求しないと、お金は支払われません。

死亡保険金の場合には、保険金の金額が大きいので多くの人が請求しますが、医療保険では、実は請求しても残念な結果になるケースがあります。その代表的なものが「日帰り入院給付」なのです。

◆診断書の取得費用が5000円!?

例えば、1日5000円が出る医療保険に加入したとしましょう。この医療保険が「日帰り入院」なら、病院に1泊しなくても1日ぶんの5000円が出るのでおトクという気がします。

ところが、実際には、あまりおトクにはなりません。

なぜなら、保険会社に給付金を請求するためには、病院から診断書をもらわなくてはなりませんが、この診断書をもらうのに、病院にもよりますが5000円前後のお金がかかるからです。このお金は保険が効きませんから、全額自己負担。

つまり、5000円かけて診断書を取得しても、「日帰り入院給付」で5000円もらえるだけならば、労多くして益なし。

では、どうすればいいのでしょうか。

◆諦める前に簡易請求手続きができないかチェックする

日額5000円支給される医療保険に入っていて日帰り入院をした場合、「残念」を回避する方法は3つあります。

（1）請求を諦める
（2）簡易請求手続きで、出費を減らす

たいていの人は、（1）の「諦める」という選択をすることでしょう。先述したような結果で、むしろ時間がもったいないからです。

（2）簡易請求手続きは、保険会社や保険商品によって、できるところとできないところがありますが、少額の給付金の場合、医師の診断書がなくても病院の窓口で無料でもらえる「診断明細書」や「領収書」などがあれば給付金がもらえるというもの。

診断書の取得費用がかからないだけでなく、診断書の作成依頼から発行までの手間がかからないので通常よりも短期間で支払われることになります。

最近は、「簡易請求」を取り入れる保険会社も増えてきているので、とりあえず、会社に聞いてみるといいでしょう。

◆「通院特約」は、不払い件数が最も高かった

今から10年以上前ですが、生命保険の不払いが大問題になりました。その時の不払いで、件数が最も多かったのが「通院特約」、約85万件もありました。

退院した後も、経過を見なくてはならないので通院する人は多くいます。知らずに請求しなかった人もいるでしょうが、中には金額が少ないのでわざわざ請求するまでもないと放っておいたケースもありました。

だったら、最初から特約など要らない。

わざわざ付けなくてもいい特約を、勧められるままに付けると、そのぶん支払う保険料も高くなります。入院給付はもちろん、まずは点検をお勧めします。

「日帰り入院」保険は、意外にお得ではないことも。加入している保険の「簡易請求」「通院特約」などまずチェック！

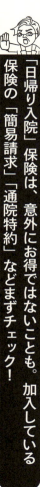

「若いうちに入ったほうがトク」の落とし穴

――生命保険の真相

◆セールスレディーの「殺し文句」

「保険に入るなら、若いうちに入ったほうが、保険料が安くておトクですよ」

会社にやってきたセールスレディーにこう言われ、加入した経験を持つ人は多いようです。

確かに、保険料は、年配よりは若い人のほうが安い。

たとえば、死亡するといつでも２００万円の保険金が出る保険（終身保険・終身払い）に加入した場合のある会社の保険料は、20歳の男性なら月２３７０円ですが、

死亡・高度障害保険金額200万円の場合の保険料

保険期間・保険料払込期間：終身

	男性	女性
20歳	2,370円	2,080円
25歳	2,620円	2,282円
30歳	2,924円	2,524円
35歳	3,302円	2,812円
40歳	3,774円	3,164円
45歳	4,368円	3,598円
50歳	5,126円	4,140円

＊契約日における満年齢　月額保険料

50歳男性なら月5126円。払う保険料は、20歳で入ると約半分になります（アクサダイレクト生命の終身保険の場合）。

いっさい保険に入らない、と思い切れる人は別ですが、社会人になると「何か一つくらいは加入しなくては」と考える人のほうが多数派でしょう。どうせ入るのならば、なるべく若いうちに加入したほうが、保険料は安いので、おトクという気がします。

けれど、そこには落とし穴があります。それは、若い時に保険に入っても、なかなか死なないということです。

◆一番トクなのは、入ったらすぐに死ぬこと

「生命保険は、なにが一番トクですか？」

こう聞かれたら、私は、次のように答えることにしています。

「それは、入ってからすぐ死ぬのが一番トクです。ただし、自殺では保険金が出ない期間があるので、できれば病死か事故死がいいですね」

なんだかブラックジョークのようですが、実は、これこそが保険の本質なのです。

生命保険というのは、1年ごとに同じ年齢、同じ性別の人がグループになってお金を出し合い、そのお金をグループ内で不幸な目にあった人に払い出すシステムです。もっとわかりやすく言えば、あるグループの中で、不幸を引き当てる代わりにお金をもらう、「不幸クジ」のようなものです。

この「不幸クジ」を引く確率は、若い人と年配者では、年配者のほうが高い。若者は、年配者ほど死にません。

若者と年配者が同じグループだと、若者のほうが保険金をもらえる確率が低くな

ってしまうので、保険加入者のグループは、同じ年齢の人たちで構成されます。また、女性と男性では、女性のほうが長生きしやすく死亡確率が低いので、女性と男性は、別のグループになっています。

ですから、表で見てもわかるように、20歳女性で構成されたグループのほうが、20歳男性のグループより死亡確率が低いので保険料も安くなります。また、同じ男性同士のグループでも、20歳男性で構成されたグループのほうが、50歳男性のグループより死亡確率が低いので保険料が安くなります。

生命保険の保険料は、同じ性別、同じ年齢の人で構成されていて、それぞれのグループの死亡確率で保険料が算出されているので、この時点では、「損」も「得」もないのです。

ですから、あえて「トク」と言うなら、加入したばかりでほとんど保険料を払っていないのに、死んで保険金をもらった「不幸クジ」を引いた人なのです。

◆結局のところは、赤の他人に払うのが保険

セールスレディーの「若いうちに」という勧誘で、30歳のとき保険に入った人がいたとします。その人が仮に60歳になったとしましょう。その場合、月々の保険料が２９２４円だったとすると、累計額は次のようになります。

２９２４円×12ヵ月×30年＝１０５万２６４０円

では、45歳の人が、そろそろ子供にも多額な教育費がかかるようになるので、自分にもしものことがあったら大変だとおなじ保険に加入すると月々の保険料は４３６８円。同じ60歳まで加入すると、次のようになります。

４３６８円×12ヵ月×15年＝78万６２４０円

2人とも60歳まで元気なら、この金額は自分には決して戻りません。ただ払っただけになりますが、不幸な目にあったグループ内の誰かのためになったと思って、諦めるしかないでしょう。

けれど、実は、この「同性別、同年齢、同グループ理論」が当てはまらない保険商品があります。

それが、次の項目で紹介する「共済」です。

生命保険は、同性別、同年齢でグループを作って「不幸クジ」を引く商品。加入する年齢が同じなら、意外にも損得はなし！

「共済は安全で安心」の落とし穴

――共済型保険の注意点

◆皆さんは、「共済」をご存知ですか?

「共済」は、「生命保険」に比べて保障金額が小さいものが多いですが、組合員がみんなでお金(掛け金)を出し合って困っている人を助けるという非営利事業なので、掛け金が安く、決算内容によっては割戻金が戻ってくるというメリットがあります。

また、「コープ共済」や「県民共済」など、一定年齢まで保険料が変わらないというものも。

例えば、全国生活協同組合連合会の「都民共済・県民共済」の総合保障2型は、18歳から60歳まで、同じ月2000円の掛け金で、主な保障は、事故入院1日5000円（1日目から184日目まで）、病気入院1日4500円（1日目から124日目まで）、死亡した場合には、交通事故だと1000万円、交通事故以外の不慮の事故だと800万円、病気だと400万円となっています。

18歳から60歳までだと、性別も年齢も関係なく、同じ掛け金なのです。18歳と60歳では、入院する確率も死亡する確率も、60歳のほうが断然に高い。ということは、こうしたタイプの共済では、若い人より年配者がおトクということです。

◆64歳でも加入できて掛け金が同じなのは朗報だが

主な共済には、「都民共済・県民共済」「コープ共済」「こくみん共済〈全労済〉」「JA共済」があり、「都民共済・県民共済」は全国生活協同組合連合会が元請けとなっていて、全国39の都道府県で加入でき、保険料や保障は全国どこでもほぼ同じです。

「コープ共済」は、日本コープ共済生活協同組合連合会が主体となっていて、医療保障をメインとする「たすけあい医療コース」は、0歳から64歳まで加入でき、掛け金月2000円で病気・怪我の入院は1日目から日額5000円が保障されます。

「こくみん共済」はCMなどでも知られていますが、総合保障タイプでは、月額1800円で18歳から59歳まで、5日以上連続で入院した場合には、1日目から最高180日まで病気だと日額2000円、交通事故以外の不慮の事故だと日額3000円、交通事故だと日額2000円の保障がつき、死亡時には死亡原因によって400万円から1200万円までの共済金を受け取ることができます。

「JA共済」はもともと農協から発展した組織ですが、農家以外でも加入でき、例えば医療共済だと、0歳から75歳まで、男性だと月額8802円で一生涯加入できて、入院日額1万円、入院1回につき10万円などの保障があり、先進医療にも対応し、三大疾病特約などもつきます（男女で保険料は変わります）。

こうした共済は、繰り返しになりますが、年配者ほどおトク。これは覚えておいてほしいポイントです。

ただ、「共済」ならどれもおトクかといえば、そういう訳ではありません。

◆ネットワークビジネス型は、すべてパーになることも

「共済」には、生命保険にある「生命保険契約者保護機構」のような業界で統一されたセーフティーネットはありません。ＪＡ共済やコープ共済、こくみん共済など母体のしっかりしているものは、イザとなったら上部団体が支えます。

ただ、小規模な比較的新しい共済の場合には、運営主体の経営がおかしくなったら、すべてがパーになってしまう可能性がないとは言い切れません。

実際に、最近は、ネットワークビジネスを使って加入者を増やしている、ちょっと怪しい「共済」も出てきています。

非営利なので掛け金が安く、そこそこの保障が得られる「共済」。加入は高齢者ほどおトク。ただし怪しげな共済には要注意！

ネットワークビジネスとは、マルチ商法とも呼ばれていて、仕組みは「ネズミ講」に似ています。ただし、「ネズミ講」とは違って商品があること、下部組織が無限には連鎖しないことから合法ということになっています。

ただ、合法とは言っても、人を誘って加入させると自分には報酬が入るというビジネスモデルなので、強引な勧誘も見受けられ、みんなで助け合い、支え合うという「共済」の本来の趣旨からは外れ、行政処分を受けるところも出てきています。

こうした「共済」だと、勧誘した人にキックバックがある分だけ支払うお金も高いし、自分が強引な勧誘をすれば友人や知り合いを失うことにもなりかねません。

「掛け捨てなんてもったいない」の落とし穴

――貯蓄型保険のからくり

◆保険に入ると損をする

「生命保険に加入すれば、もしもの時に安心なだけでなく、貯金にもなりますよ」こんな勧誘文句を聞くと、「そうか、保障もあって貯金にもなるのか」と、ついつい貯蓄性のある保険に入ってしまいがちです。

実際に昔は、この言葉のように、保険は貯金の役割も果たしました。なぜなら、保険の運用利回り（予定利率）が高かったからです。

けれど、今は貯金目当てに保険に加入すると損をします。なぜなら、今の運用利

回りは1％以下で、会社によっては0・3％というところもあります。

0・3％と聞くと、銀行預金よりいいと思う人もいることでしょう。けれど、保険と貯金には、大きな違いがあります。それは、保険は、払った保険料が丸々運用されていくのではないということなのです。

◆銀行預金のほうがまだマシな理由

例えば、手元に1万円あったとしましょう。これを貯金すると、金利0・001％で利息はほぼゼロですが、いつ引き出しても1万円を割り込むことはありません。ところが、保険はどうでしょう。1万円の保険料といっても、0・3％の運用利回りではなかなか1万円に戻らない。

驚くかもしれませんが、保険会社に1万円の保険料を払うと、まずこの1万円から保険会社の手数料や経費が引かれ、次に、保険である以上はなんらかの保障をつけなくてはならないので、この保障の代金が引かれます。そして、残ったお金が、今だと0・3％で運用されていくので、なかなかもとの1万円にすらならないのです。

ちなみに、生命保険についている保障は、死亡保障と病気保障（怪我も含む）の2つ。どちらの保障も、前述した「不幸クジ」のようなものです。貯蓄型の保険というのは、この掛け捨ての保障に貯金をくっつけたものだと考えればいいでしょう。

ですから、そもそも「掛け捨てがイヤ」というなら、保険に入るべきではない。

しかも、保険の利回りは、金利がどんなに上昇しても、加入時点での利回りが最後まで適用されます。ですから、運用利回りが高い時期に加入した保険は有利に運用されますが、今のような低金利の中では、世の中がどんなに高金利になっても、0・3％の運用が続くという、超「残念！」なことになります。

◆保険で貯蓄しようと、思ってはいけない

ではどうしたらいいか。これから保険に入るなら、保険は掛け捨てにして、貯金

は銀行積立にしましょう。

保険は、もし加入している保険会社が破綻すると、貯蓄部分が削られます。銀行なら、破綻しても預金は1000万円＋利息までは、預金保険機構で守られます。つまり、1000万円までなら、利息がついて戻ってくるということです。**ところが保険は、貯蓄として積み立ててあるお金（責任準備金）が削られるので、養老保険、終身保険、個人年金保険などの貯蓄性の高い保険だと、目減りしてしまうのです。**

同じ保険でも、定期保険などの掛け捨て保険（保障性の高い保険）は、削るところがあまりないので、ほとんど削減されないまま他の保険会社に移されて存続するか、生命保険契約者保護機構が面倒を見てくれます。

思うほど増えないのに、保険会社が破綻したら目減りするのでは、入る意味なし。生命保険は掛け捨てにしましょう。

「保険料が半額になります」の落とし穴

――保険セールスの罠

◆昔入った保険が「お宝保険」なワケ

これから入るなら、生命保険は掛け捨てに。でももう保険に加入している人は、どうなのでしょうか。

大部分の保険は、加入した時に決まった運用利回りで、最後まで運用されていくということは、156ページで説明しました。

そんな運用利回りが高い時期に、終身保険や個人年金保険など長期で貯蓄性の高い保険に加入した人は、預金だと思ってその保険をずっと大切に持ち続けましょう。

予定利率の推移

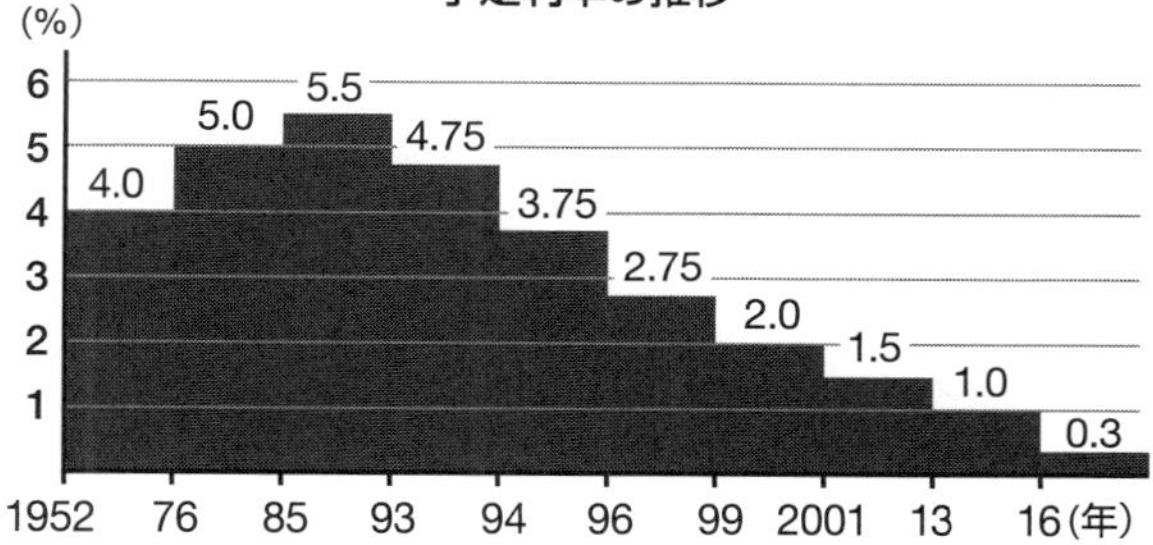

公益財団法人 生命保険文化センターHP
「生命保険・相談マニュアル」(平成28年7月改訂版)をもとに作成

ちなみに、加入時点での運用利回りは、１９９４年３月までは４・７５％と高かったのですが、１９９４年４月から１９９６年３月には３・７５％、１９９６年４月から１９９９年３月には２・７５％と下がり、１９９９年４月からは２％、日銀の金融緩和が続く前までは１％前後でしたが、今は０・３％前後のものもあります。

ですから、昔に加入した保険や個人年金などは、今の低金利でも大きく増えているということです。

これほどの驚くべき貯金になっているのは、バブルが弾ける前の高利回りの時に終身保険に加入していたからです。

かなり以前に、終身保険など貯蓄性がある保険に加入した方は、何と言われても、解約したり、保険を新しくしたりしないこと。

繰り返しになりますが、保険の貯蓄部分の運用利回りは、入った時が高金利であればずっと続きます。

いっぽう、今のような低金利の時に貯蓄型の保険に加入すると、この先、どんなに金利が上がっても、保険の運用利回りは低いまま。

これは、貯金にはない、保険ならではの仕組みなのです。

◆保険会社は自分が儲かるプランしか提案しない

「もっと大きな保障をつけても、保険料は今の半額になりますよ」と保険会社から提案された経験のある方は多いことでしょう。

でも、そんなうまい話が、あるのでしょうか。

結論から言えば、そんなうまい話はありません。

なぜなら、今入っているのと同じ保険で保障を大きくして保険料を半額にしたら、保険会社の支払いが増えて会社が破綻してしまうからです。

それでも勧めるというのは、保険会社に何らかの旨味があるからです。

たぶん、新しく提案している保険は、いま加入している貯蓄型の保険ではなく、保障重視の掛け捨て部分が大きい補償型なのでしょう。貯蓄型の保険は、貯金部分にお金を回さなくてはならないために保障が小さい割には保険料が高くなります。けれど、保障型の保険だと、貯蓄部分のお金があまり必要ないので、保障を大きくしても保険料が安くなります。

さらに、今まで入っていた貯蓄型の保険には、貯蓄型ですからお金が溜まっています。その溜まっているお金を頭金にすれば、さらに保険料は安くなる。

けれど、その結果、変えずに持っていれば有利な貯金になっていたかもしれない保険が、貯蓄部分が少ないみすぼらしい保険になってしまうのです。

◆解約せずに持ち続ければ、貯金と保険の両方おトク

ちなみに、30年前に35歳で、死んだら一生涯1000万円がもらえる保険に加入して、月々約1万円の保険料を支払っていた人がいたとします。

この人が支払った保険料の総額は、30年間で360万円。

ところが、この保険を、65歳で解約すると、戻ってくる解約返戻金は約450万円。70歳で解約したら、解約返戻金は約540万円。75歳で解約したら約610万円。80歳で解約したら、約660万円。85歳で解約したら、払った保険料の2倍以上の730万円が戻ってきます。

しかも、65歳からは一銭も保険料を支払わなくても、いつ死んでも1000万円の死亡保険金が出るのです。

なぜ、こんなに有利な保険になっているのかといえば、30年前は、保険の運用利回りが5・5％と高かったからです。

保険会社から、「今ある保険を見直せば、もっと大きな保障をつけても保険料は今の半額になる」などと提案されても、安易に提案に乗ってはいけません。

そう提案されるのは、あなたが「お宝保険」を持っているからでは、と思って調べてみてください。

「お宝保険」は今は望んでも買えない商品、それを失うのはあまりにもったいない話です。

保険会社の販売員が勧めるのは、自分に利益の大きいものが多い。どんな甘言を聞いても、昔入った「お宝保険」はそのまま保持を。

「外貨建て生命保険なら利回りが高い」の落とし穴

——外貨建て保険のデメリット

◆苦情が殺到、トラブル急増中！

「日本の生命保険の運用利回りは0・3％ほどですが、外貨建ての生命保険なら運用利回り3％なので、運用で10倍も増えます」

こんな甘言に乗せられて、外貨建ての生命保険に加入したら、ものすごく残念なことになるかもしれません。

金融庁によると、2018年度の外貨建て一時払い保険の販売額は約2兆4000億円になる見通し。その理由は、運用利回りが高いという宣伝文句によるもののようですが、一方で苦情が殺到していてトラブルも急増中なのをご存知でしょうか。

なぜ、外貨建て生命保険がダメなのかということは、２０１７年に出した『投資なんか、おやめなさい』（新潮新書）に、50ページも費やして書きましたので、詳しくはそちらを見ていただければありがたいと思います。

ここでは、その要点をざっくりとまとめましょう。

◆保険なのに、日本の保険にはない手数料がかかる

なぜ、外貨建て生命保険がこれほどまでに売れまくっているのかといえば、冒頭の運用利回りの高さに、みなさんが魅力を感じるからでしょう。

確かに、3％の運用利回りというのは、今の日本では考えられません。

ただ、すでに何回も言っているように、保険というのは、預けたお金がすべて運用されていくわけでなく、保険会社の経費と保障の費用を除いた残りが運用される。

しかも、外貨建ての保険には、日本の保険にない手数料がさらにかかります。

外貨建て生命保険の場合、みなさんから預かった保険料を外貨に換えて運用し、運用したものは再び外貨から日本円に戻します。日本円を外貨に、外貨を日本円にする時に、為替手数料がかかるのです。この手数料が2～4％かかるので、これではたとえ3％で運用されても儲かるとは言えません。

◆円高になったら大損する、為替リスクが

さらに、外貨建て生命保険には、為替リスクが伴います。

単純な例で言えば、1ドル100円の時に100万円を外貨にしたら1万ドル。もし、これを引き出す時に、1ドル110円になっていたら110万円戻ってくるので儲かりますが、1ドル90円だと90万円で目減りします（為替手数料は加味しない）。

これが為替リスクです。

これまで、安倍政権は為替を円安方向に誘導してきたので、外貨建ての金融商品

はそこそこよかったかもしれません。けれど、これからは世界的な景気後退が予想され、ＩＭＦ（国際通貨基金）なども世界経済の成長予想を下方修正しています。

そうなると、欧米では金利を下げる可能性がありますが、日本はすでに金利が下がりきっているので下げられず、欧米との金利差が縮まって、円高になる可能性がありす。そうなったら、大損してしまうかもしれません。

◆円安の時に合わせてうまく死ねる人はいない

そもそも、外貨建ての生命保険は、生命保険ですから、死んだ時にまとまった保険金が出るというものです。

ただ、日本の保険と違うのは、保険金が外貨になっていること。

例えばドル建ての保険だと、ドルで約束された死亡保険金が支払われます。それを円に替えて受け取るのですが、その時に円安なら保険金は増え、円高なら目減りすることになります。

そもそも、自分がいつ死ぬかはわかりません。**わからないことに備えて保険に入っているのですから、保険は、自分の命をかけたギャンブルとも言えます。そこに、さらに為替というリスクを加え、二重のリスクを背負う必要はないでしょう。**

「運用利回り３％」と聞くと、外貨建て生命保険は魅力的に思えるかもしれませんが、手数料が高いので、思うようには増えません。それどころか、為替リスクがあります。ご自分の人生設計に為替の変動を組み込む必要があるのか。冷静に考えてみればわかるのではないでしょうか。

人気の「外貨建て生命保険」の実態は、苦情とトラブル急増中の分かりづらい商品。二重のリスクを背負うことはない！

「お孫さんのためにぜひ加入を」の落とし穴

――学資保険の真相

◆大甘のジジ、ババが「はじめのかんぽ」にハマる

孫が生まれると、可愛くてたまらない。つい何でもしてあげたくなるジジ、ババ初心者は、世の中には多いようです。

「そういえば、自分たちは子供が生まれた時に郵便局の学資保険に入っていて、それが大学進学の時に大きく増えてずいぶん学費が助かった。孫にも、将来のために『学資保険』をプレゼントしよう」

そんな方も多いようです。

しかも、昔「学資保険」と呼ばれていた商品は、今は「はじめのかんぽ」という新しい商品にリニューアルしていて、出産予定日の140日前から出産後最高12歳まで入れるようになっています。

「はじめのかんぽ」には、

① 「大学入学時」の学資金準備コース
② 「小・中・高＋大学入試時」の学資金準備コース
③ 「大学入学時＋在学中」の学資金準備コース

という3つのコースがあります。

たぶん、実家に帰った娘が大きくなったお腹を触らせて、「この子が大きくなった時に、おじいちゃん、おばあちゃんに学費を援助してもらえたら嬉しいな」などとひとこと言えば、余裕がある両親なら、目を細めてポンとこの「はじめのかんぽ」に加入してくれることでしょう。

つまり、「はじめのかんぽ」は、抵抗なく高齢者から将来のお金をもらうツールとしては、とても有効な保険商品なのです。

◆103万円以上支払って、18年後に100万円しかもらえないなんて！

こう書くと、「はじめのかんぽ」は、「金融商品として有利なものなのだな」と勘違いする人もいるかもしれませんが、ちょっと待ってください。

実は、金融商品として見たら、ほとんど魅力なし。

例えば、子供が0歳（男児）、パパが30歳の場合、18歳間払い込んで18歳に100万円もらうケースを見ると、月々の保険料は4880円。18年間支払う保険料の総額は約105万円。105万円支払って18年後に100万円もらうのですから、トクとは言えないでしょう。月払いではなく有利な一括払いにしても、約103万円払って18年後に100万円もらうことになり、金融商品としては無意味です。

もちろん、保険ですから子供の入院などの保障はついていますが、そもそも昨今、子供は医療費や入院タダという自治体が多いのです。また父親の保障も、それほど必要ない人が多い。

では、なぜ将来目減りする保険に、目を細めて入るジジ、ババが多いのか。

それは、過去に「学資保険」での成功体験を持っている人が多いからです。

◆貯蓄としては無意味だがお金をもらうツールとしては「最適」

ジジ、ババが自分の子供を郵便局の「学資保険」に加入させた30年ほど前は、保険の運用利回り（予定利率）は5・5％でした。ですから、預けたお金が2倍近くになって戻ってきたので、「学資保険」をやっていて良かったという実感がある人が多いのです。

ところが、前述したように、今はこの運用利回りが0・3％ほど。保険は、貯金と違って100万円預けたら、そこから保険会社の経費と保障料を差し引き、残りが0・3%で運用されていくので、18年経っても払ったお金ほど増えません。

だとすれば、自分で保険料を払うなら、「学資保険」に入るよりも、そのお金を現金で預金として預けた方がいい。

「学資保険」に敢えて意味を見出すとすれば、経済的な損得を超えたツールと考えた場合でしょうか。ジジ、ババの多くは、可愛い孫の将来のためにお金を出してあげたい。かといって、現金を毎月与えるのは何となく抵抗がある。

そういう人を対象に、スムーズにお金を出してもらうツールとしては最適ということです。

「はじめのかんぽ」などの学資保険は「増える貯金」ではない。ただし祖父母から毎月お金をもらう手段としては、加入もあり。

「オール電化だから火事にはならない」の落とし穴

——火災保険の盲点

◆火を使わない生活でも火災保険には入ったほうがいい

ガス警報機工業会の調べでは、2013年から2017年の5年間で、家庭でのガス事故件数は2500件以上となっています。

ヤカンをかけっぱなしで忘れて引火したり、コンロの炎が消えてガスだけが出ている危険な状況になったり。あるいは、ファンヒーターの接続器具のゴムに入った亀裂からガス漏れして、爆発事故につながるケースも報告されています。

そこで普及しているのが火を使わないオール電化の生活。年間約30万戸の住宅が、オール電化に替えているのだそうです。火を使わない生活なら、当然ながら火事のリスクは激減しますから、火災保険は必要ないと思う方もおられるでしょう。

けれど、いくら火を使わない生活でも、火災保険には入っておいたほうがいい。

◆火災保険に入っておいたほうがいい2つの理由

理由の1つ目は、自分は火事を出さなくても、隣の家が火事になり、その火が燃え移って自分の家が焼けてしまった場合に、賠償してもらえるから。

日本では、相手に損害を与えられた場合、民法709条で不法行為に基づく損害賠償義務を定めていますが、実は、隣の家からの「もらい火」は例外。なぜなら、日本は木造家屋が多く、いったん火が出ると燃え広がりやすいので被害が甚大になり、火元に全ての賠償責任を負わせることは酷であるという考え方があるからです。

ですから、相手によほど重大な過失が認められない限り、「失火責任法（失火ノ責任ニ関スル法律）」で、隣家には損害賠償の義務が発生しないことになっています。

重大な過失として裁判で損害賠償が認められた例は、石油ストーブの火を消さずに給油してこぼれた石油に引火した例や、天ぷら油の鍋に火をつけたままで台所を離れた例、周囲を家にかこまれた狭い庭での焚き火で、火をちゃんと消さずに引火した例などです。

自分には「火」が、いや「非」がなくても、隣家から火が出たら、焼かれ損になってしまうのですから、念のために火災保険には入っておく必要があるでしょう。

◆火災保険は、災害に効く保険でもある

もう1つの理由は、火災保険は、火災だけでなく自然災害にも有効な保険だから。

2019年には大手損害保険会社の火災保険の保険料が、4年ぶりに5〜9％も上がりました。

火災の件数は減っているのに、火災保険の保険料が値上がりしたのは、自然災害が多発し、そのため支払保険料が増加したから。

しかも、この2019年の値上げは、2018年に立て続けに起きた大阪や北海道の地震、西日本の集中豪雨、台風21号などの損害は織り込んでいないので、こうした被害額が加算されてくると、この先、まだ保険料は上がるでしょう。

火を使わない生活でも、火災保険に入っておいた方がいい2つの理由は理解していただけたかと思いますが、値上がりする火災保険に少しでも安く入る方法はあるのでしょうか。

実は、火災保険は、79ページで書いた「まとめ払い」が可能です。**10年払いにすれば、8・2年分の保険料で済む。値上がり前に長期で加入するのがいいでしょう。**

また、インターネットで、欲しい保障だけがつけられるという保険も出てきています。たとえば、セゾン自動車火災保険の「じぶんでえらべる火災保険」は、火災、落雷、破裂・爆発だけはセットになっていますが、風災、水災、水濡れなどの補償は、必要に応じて自分で選んでセットできるようになっています。

マンション住まいで床上浸水の心配がない人が、わざわざ水災補償をつけておく

必要はありません。建物の状況に合わせて必要なものだけ選ぶと、そのぶん保険料も安くなります。

◆「火災保険で修繕」の詐欺にご用心

「火災保険」は、自然災害にも対応すると書きましたが、それを知らない人が多く、「火災保険で修繕詐欺」が横行しています。

災害が起きると「保険金を使って、無料で住宅の修繕をしませんか」という修繕業者の訪問が増えます。**こうした中には詐欺師がいて、最終的には法外なお金を払わされるケースが後を絶たないのです。**

手口は、まず被災地のお宅に、電話や訪問で「火災保険に入っていれば、自己負担なしで修理できますよ」と話を持ちかけます。その際、「面倒な保険金請求の手続きは、すべて私どもでします」とか「この際、古くなった屋根も保険で直せます」などと勧誘して工事を増やします。その上で、見積書や図面を持って来て修繕の請け負い契約をさせます。さらに、保険をたくさん出してもらえるような請求をすると言って「請求手続き代行契約」や「申請サポート契約」を結ばせます。けれど、屋根の老朽化などは経年劣化なので、たとえ台風が来て瓦が飛んでも、劣化した屋根全体を保険金で直せるわけではありません。

◆「違約金を」「手数料を」と脅される

そうなると、ほとんどの修繕費は自己負担となり、キャンセルしようとすると、「契約までして、うちで工事しないなら違約金を払ってください」と脅し、キャンセル料50％などという法外な請求をします。

逆に、もし保険会社で「災害で破損」と認められ、保険金が下りた場合には、「請求手続き代行契約」「申請サポート契約」を交わしていることを理由に、高い契約手数料を払えと迫ります。

損害保険会社は、災害の保障はしても、サポート契約の手数料までは払っていま

せん。ですから、そのぶんは全額自己負担になってしまいます。

そもそも、こうした業者を頼らなくても、損保の代理店に直接言えば手数料など取られず、調査して適正なら保険金は払われます。

しかも、こうした業者は、工事その他の契約書をあらかじめ回収してしまっているケースが多いので、取り締まるほうも手が出せないケースが多いのだそうです。

「保険金で修繕詐欺」の被害は、ここ10年で10倍にも増えています。特に狙われているのが高齢者世帯。特に70歳以上が、全体の４割を占めているそうです。

おかしいなと思ったら、契約する前に消費者ホットライン（１８８）へ連絡することを心がけてください。

もらい火、災害に備えてオール電化生活でも火災保険を！　でも「火災保険で修繕」と勧誘してくる詐欺にはよくよく注意。

「テレマティクス保険だから安心です」の落とし穴

——未来型保険の真相

◆2020年には3割がこの保険に？

今、世界中で、新しい自動車保険が注目されています。

それは、通信機能を持つ車載器やドライブレコーダー、スマホのアプリなどと連携した「テレマティクス保険」。運転者の状況を保険会社が把握しつつ、自動車保険料を値下げするというものです。

すでに欧米では、「テレマティクス保険」は自動車保険で大きなシェアを占めていて、日本でも2020年には3割くらいがこの自動車保険になっていくのではないかと言われています。

例えば、三井住友海上の「GK 見守るクルマの保険（ドラレコ型）」は、国内の損保会社の中で初めて最新のドライブレコーダーを運転する人に貸し出しています。保険料が安くなるだけでなく、運転状況の見守りもしてくれます。

急なハンドル操作や車のふらつき、さらには本人が気付かずに高速道路で逆走しているようなことがあれば、「逆走していませんか」などと警告します。加えて、事故の衝撃を感知したときは、保険会社からドライバーに電話が入り、安否確認と事故の初期対応などをサポートするといいます。

アラート情報や、100点満点で運転を評価した毎月のレポートを、本人だけでなく家族にも送ってくれるので、高齢な親と離れて暮らす子ども世代には、親の普段の運転状況がわかって安心でしょう。

◆安全運転なら保険料最大20%オフも

すでに販売されている保険を見ると、損保ジャパン日本興亜の「ポータブルスマイリングロード」は、カーナビアプリ「スマイリングロード」と連携し、安全運転だと、自動車保険料が最大20％オフになります。

ソニー損保の「やさしい運転キャッシュバック型」も、小型計測器「ドライブカウンタ」に表示された計測結果に応じて、最大20％オフに。

東京海上日動の「ドライブエージェントパーソナル」は、専用のドライブレコーダーを車内に搭載し、「高度な事故対応」「事故防止支援」「安全運転診断」の３つのサービスが使えます。保険料の割引はありませんが、ユニークなのは、天候や時間帯などのビッグデータも使い、事故多発地点が近付くと警告してくれることです。

◆運転下手を指摘されたうえ、保険料も下がらないことも

安全運転を心がければ保険料が安くなる「テレマティクス保険」ですが、**デメリットもあります。それは、リアルタイムで位置情報を発信することになるので、ど**

こにいるかという個人情報が、保険会社に筒抜けになってしまうこと。

個人情報は厳重に管理されるので、「浮気がバレる」という心配はないでしょうが、なんだか監視されているようで、ちょっと緊張する方もいるかもしれません。

また、運転下手な人だと、レコーダーからやいのやいの言われ、余計に萎縮してしまうかもしれません。しかも、運転が下手だと割引されないどころか、会社によってはレコーダーの貸し出しで料金が発生するところもあるので、そのぶん保険料が上がってしまって残念なことになるかも。

逆に、ものすごく運転上手で事故もなく、保険料の等級が高いという人はすでにかなり割引が効いているので、思ったほど安くならないかもしれません。

最新機器を使って「安全運転」に誘導、保険料が下がる可能性まである「テレマティクス保険」。個人情報、保険料金に気をつけて。

「健康診断結果がよくなるとキャッシュバック」の落とし穴

――健康増進型保険のからくり

◆健康状態によって保険金が変わる

昨今の技術の進歩には目を見張るものがあります。前項の「テレマティクス保険」に続き、新しい生命保険のかたちが登場しつつあるのをご存知でしょうか。

南北戦争時代から続いているアメリカの大手生命保険会社に、ジョン・ハンコック社があります。この保険会社が2018年9月、今後、ITを利用したデジタルフィットネス器具のデータなしに保険を販売することはないだろうと宣言しました。

これは、従来型の生命保険をやめて、すべてウェアラブル端末（腕時計のように身につける電子機器）を手首に巻きつけて運動や健康状態を計測しながらの「インタラクティブ生命保険」に切り替えるというもの。

同社は2015年から、一部、ウェアラブル端末を取り入れた保険の割引などをしてきましたが、今後は全面的にこちらに切り替えるというのですから驚きです。保険の加入者にはウェアラブル端末が無料で配られ、1日1万歩以上で20ポイント、1万5000歩以上になると30ポイントなどポイントがつき、食事や旅行など様々な特典を利用できます。さらに、保険料の割引なども、このシステムの中で行われます。

保険会社にとっては、加入者一人ひとりが病気にならず、元気で長生きすれば、保険金の支払いも少なくなるので保険料を割り引いても儲かるという計算。また加入者のなかでも健康に気を使う人は寿命が延びてウィン・ウィンの関係に。

◆日本でも健康体割引が当たり前に

日本でも、健康な状況をキープしている人なら、保険料が安くなる保険がいろいろと出てきています。

例えば、ソニー生命の平準定期保険（喫煙リスク区分型）は、タバコを吸わない人だと保険料が安くなる非喫煙者割引がつけられます。

ほかにもマニュライフ生命「こだわり医療保険ｗｉｔｈ　ＰＲＩＤＥ」、「こだわりガン保険」、ネオファースト生命「ネオｄｅいりょう」「ネオｄｅとりお」も、タバコを吸わない人の保険料が安くなります。

また、タバコを吸わないだけでなく、血圧や、肥満・やせすぎ度を示すＢＭＩ（ボディー・マス・インデックス、体重を身長の2乗で割る）が一定の基準を満たすケースは、さらに保険料が安くなるという保険もあります。アフラックの「定期保険」や損保ジャパン日本興亜ひまわり生命の「じぶんと家族のお守り」、三井住友あいおい生命の「＆ＬＩＦＥ　新総合収入保障保険」などです。

こうした各種健康体割引に加えて、２０１８年は、保険（インシュアランス）と技術（テクノロジー）を掛け合わせた「インシュアテック」がトレンドとなってきました。スマートフォンやウェアラブル端末、ビッグデータ、ＡＩなどを活用していく、まさに次世代の生命保険です。

◆1日平均8000歩で、保険料が月額3000円以上安く！

「インシュアテック」では、東京海上日動あんしん生命保険が、１日平均で８０００歩以上歩くと、保険料の一部が返ってくる医療保険を売り出しています。ＮＴＴドコモと共同開発したもので、保険に加入した客にウェアラブル端末を貸し出し、専用アプリで１日平均の歩数を記録するというもの。

結果、基準に達していたら、保険料が月額３０００円から最大７０００円ほどキャッシュバックされます。

住友生命でも、ウェアラブル端末やスマートフォンアプリで計測されたデータを活用し、保険料が年間最大３割引になる健康増進型保険「Ｖｉｔａｌｉｔｙ」を発売しています。

台湾の国家衛生研究院の調査によると、毎日ウォーキングなどの中程度の運動をしただけで、運動をしない人よりも寿命が3年ほど延びるとのこと。

逆に言えば、運動するのが嫌いで三日坊主になりがちな人がこの種の生命保険に入っていると、相対的に保険料は高くつくでしょう。

それが、この保険の意外な落とし穴です。

健康が維持できれば、保険料が安くなったり、特典がついたりする健康増進型保険。中身を吟味して「努力」できそうなら加入を。

4 老後編

「佐藤様、こちらへどうぞ」の落とし穴

――銀行店舗の罠

◆銀行の支店やＡＴＭは、どんどん無くなっていく！

銀行の支店統廃合やＡＴＭの共通化が進んでいます。

三菱ＵＦＪ銀行は、２０２０年度末までに国内約90店舗を統廃合します。みずほフィナンシャルグループも、２０２４年までに国内拠点の統廃合を、当初計画から3割上乗せして約１３０拠点に拡大します。**さらに、ＡＴＭの共通化も進んでいて、三菱ＵＦＪ銀行と三井住友銀行は、ＡＴＭを共通化させました。**ただし、それぞれの銀行の利用者は、今まで同様に時間帯によって無料で利用できます。

銀行が支店統合やATMの相互開放を加速しているのは、長引く日銀の金融緩和の悪影響に対応するためでもありますが、**いっぽうで、銀行そのものの収益構造が大きく変わってきているからです。**

◆番号で呼ばれる客は、銀行が来て欲しくない客

銀行は、約2割の金持ちからの収益で、残り8割の人のコストを補っています。**今、銀行が窓口で行っている、預金の取り扱いや振込などの多くの人向けのサービスは、ほとんど赤字です。なぜなら、駅前の一等地に店を構え、給料の高い銀行員を雇ってこうした業務をしているので、コストに見合わないのです。**

では、銀行はどこで採算を合わせているのかといえば、多額の遺産相続でどうすればいいのか相談に来る金持ちや、長期の住宅ローンで長く利ざやが稼げる人、投資などで手数料を落としてくれるお客からの稼ぎでマイナスを補塡しています。

多くの人は、銀行に行っても番号札を渡され、延々と待たされ、順番が来たら名

前ではなく番号で呼ばれるだけ。なぜなら、こうした人のほとんどは、銀行の収益には貢献しない、来て欲しくない客だからです。

いっぽう銀行の収益に貢献しそうな客は、「お客様、こちらへどうぞ」とソファーの部屋に通され、名前で呼ばれ、お茶まで出してもらえます。

◆銀行員から、名前を呼ばれたら要注意！

銀行員が、もしあなたを名前で呼んで、「○○様、こちらへどうぞ」と言ったら、警戒心を持ちましょう。

銀行は、個人の口座を見ながら、お金を持っている客かそうでないかを判断しています。そして持っている人には名前で声をかけ、投資などに誘います。

「△△銀行の××です。今度、私が○○様の担当になりました」などと、頼んでもいないのに電話をしてくるのは、あなたの銀行口座を見て、お金があるので投資しそうな客だと判断したからです。

けれど、そんな言葉でいい気になって投資をしたら、後悔することになるかもしれません。なにしろ、金融庁が公表したデータでは、銀行の窓口で投資信託を買った人の46％が損をしているのですから。

特に、投資教育を受けていない60歳以上の人は、「投資をしましょう」と言われても、何に投資していいのかわからないので、言われるがままになってしまいがち。これでは、鴨がネギを背負って鍋に飛び込むようなものです。

では、銀行に行って、名前ではなく番号でしか呼ばれない人はどうすればいいのでしょうか。**そういう人は、もう銀行に行かない。**インターネットバンキングとＡＴＭがあれば、たいていのことは済みます。しかも、そのほうが、おトクです！

銀行で名前を呼ばれるようになったら要注意。銀行は、あなたの銀行口座を見ながら「鴨がネギを背負って来た」と判断するかも。

「免許返納したら身分証明書がなくなる」の落とし穴

——高齢者運転の盲点

◆交通事故死亡者の半分以上は65歳以上の高齢者

高齢者ドライバーが引き起こす事故が増えています。

２０１８年に交通事故で死んだ人の数は３５３２人と、統計を取り始めた１９４８年以降で最も少なくなりました。ですが65歳以上の高齢者の交通事故死者数は１９６６人で、全体に占める割合は前年よりも１ポイントアップの55・７％となったのです。

高齢ドライバーによる事故も相次いでいます。「ブレーキとアクセルを踏み間違えた」という事故が多発しているほか、２０１９年には東京・東池袋駅付近で80代ドライバーの車が暴走、母子が死亡、10人が怪我を負う痛ましい事件もありました。

こうした事故を未然に防ぐために、高齢者の免許の更新には認知症の検査も組み入れられていますが、事故のほうはなかなか減らないようです。

ちなみに、75歳以上の高齢者による死亡事故で一番多いのは、「操作ミス」（31％）、次が「安全不確認」（24％）、続いて「漫然運転など」（15％）、「わき見運転など」（11％）、判断ミス（８％）となっています。

◆免許自主返納するともらえる「運転経歴証明書」

検察庁は、運転に不安を覚えたら「免許の自主返納」を呼びかけています。「免許の自主返納」は１９９８年には２５９６件でしたが、年々増えていて、２０１７年には42万件を超える人が返納しています。

年齢層別の死亡事故件数

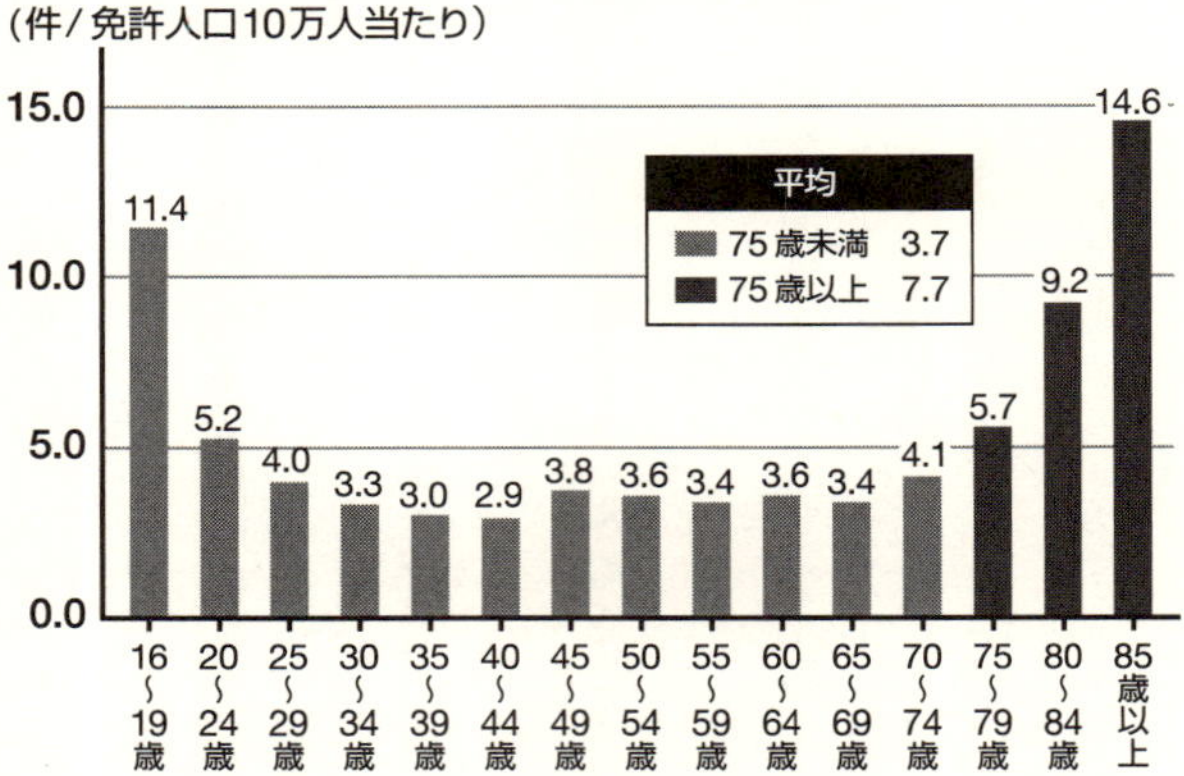

※平成29年12月末の運転免許保有者数で算出した。

75歳・80歳以上の免許保有者の推移

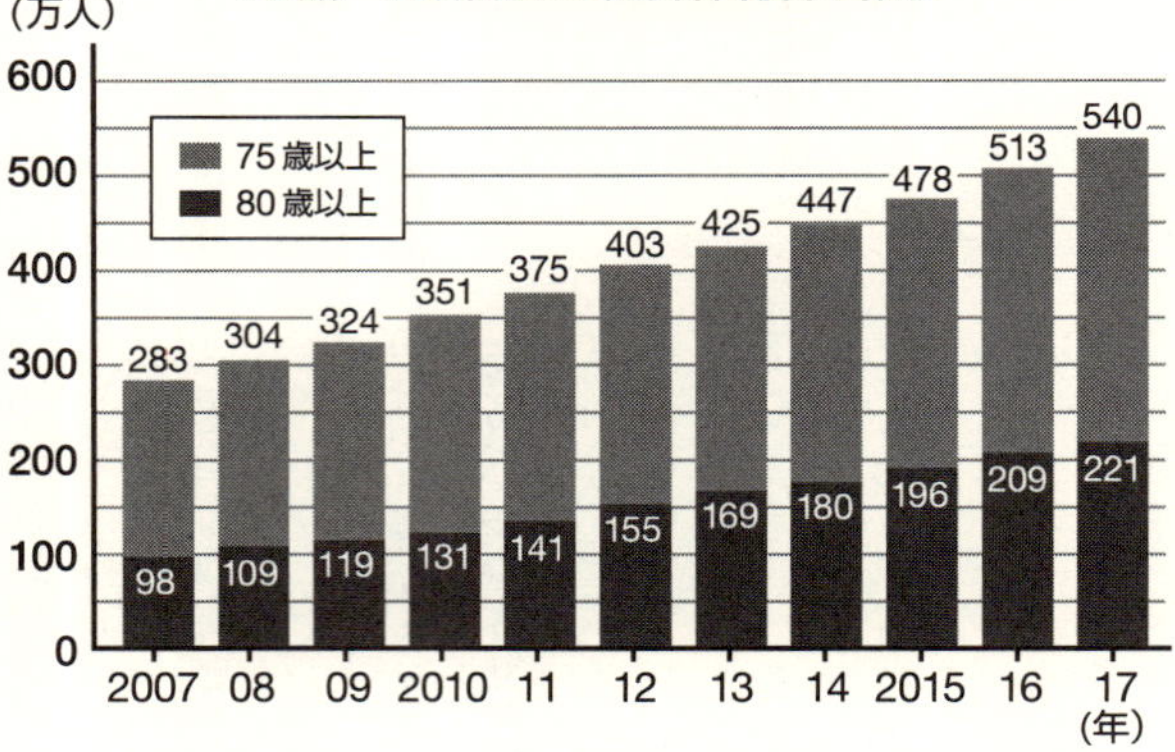

警察庁「平成29年における交通死亡事故の特徴等について」をもとに作成

「免許を自主返納」すると、家族は安心ですが、現役感がなくなり寂しいという高齢者も多いようです。しかし、いつまでも返納しないままだと、深刻な事故につながるかもしれません。かといって、何のメリットもないと返納する気になれないというのも理解できます。運転免許証は身分証明書としても使えるので、それがなくなることに不便を感じる方もいるようです。

しかし実は、「免許を自主返納」すると、運転経歴証明書がもらえます。これは運転免許証同様に身分証明書として使えるものです。しかも、これを提示すると、様々なサービスが受けられる自治体が多くあります。

◆東京の場合、金利が下がり配送料がゼロ円に！

たとえば、東京の場合、運転経歴証明書を持っている方だと、巣鴨信用金庫では、1人500万円までスーパー定期の金利を店頭より「0・05%」高くしています。同様のサービスは、東京シティ信用金庫や西京信用金庫でも行なっています。

さらに、都内のデパートなどでは、運転経歴証明書を提示すれば配送料が無料になるところや、ホテルに安く泊まれたり、公共施設が割引になったり、安くタクシーやバスに乗れるなどのサービスをしています。

サービスは地域によって違うので、興味がある方は「高齢運転者支援サイト」で調べましょう。各都道府県別に提携した施設やお店での特典を見ることができます。

買い物を5％引きにするスーパーや、宅配ピザが10％オフ、配送料が無料になる店舗……これならば、免許返上によって節約することもできるかもしれません。

◆どうしても乗りたければ、「サポカー」に注目！

地方に住んでいるので、車がないと移動が大変で、免許は手放せないという高齢者の方もおられることでしょう。

そういう方は、官民連携で開発している「サポカー」に注目です。

「サポカー」とは、「セーフティ・サポートカー」の略で、安全運転をサポートす

るために開発されている車です。

自動ブレーキを搭載しており、ペダルの踏み間違い時加速抑制装置などがついたものもあります。また、搭載カメラで車線を察知し車線をはみ出して走行すると警報が鳴ったり、夜でも前方が見やすいライトに自動的に切り替わったりする頼もしい機能も満載されています。

トヨタや日産の普通車のほか、スズキなどの軽自動車にもサポカーがあり、軽自動車なら１００万円台の手頃な価格で買うことができます。全国で試乗会をしているので、興味があったらまず試してみるのも一手です。また親が高齢という方は、ぜひ買い替えの時期にはこうした車を勧めてみるといいと思います。

免許を返納したら「不便になる」なんて、古い！「運転経歴証明書」を利用して様々な特典をもらい、新たな節約生活を始めましょう。

「老後の新しい不動産活用法です」の落とし穴

――リバースモーゲージの罠

◆「老後の新しい不動産活用法」という触れ込みだけど

最近よく「リバースモーゲージ」と耳にする、という方が多いかもしれません。

「リバースモーゲージ」とは、自宅を担保にお金を借り、借りたお金の返済は、死後に自宅を提供することでチャラにするというもの。老後の、新しい不動産の活用方法と言われています。

テレビCMを見ていると、死ぬまで今の家に住みながら、お金の心配をせずに楽しい老後を送るためのものということなので、家を子供に相続させる気がない人にとっては「とっても良いもの」と響きます。

確かに、老後資金が不安な人にとっては、その心配がなくなり、かつ死ぬまで自宅に住めるというのは大きなメリットと感じるかもしれません。

ただ、「リバースモーゲージ」の怖いところは、長生きしすぎたら悲惨な生活になってしまうかもしれないところです。

◆1億円の物件でも、借りられるのは3000万円以下

「リバースモーゲージ」は、ひとことで言えば、自宅を担保とした借金。ただ、自宅が担保といっても、ずっと住み続けていけば建物は老朽化して家屋の価値は目減りするのでほとんどカウントされず、土地のみの価値に対してお金を貸します。

例えば、建物の価値が5000万円、土地の価値が5000万円の合計1億円の物件があったとします。

この場合、建物の価値はゼロと見なされ、土地の5000万円だけが融資の対象。

この価値5000万円の土地に対して、5割から7割程度が融資額となります。つまり、1億円の物件であっても、借りられるのは2500万円から3000万円の融資枠の範囲。この融資枠から、自由にお金を引き出して使えるかたちですが、通常3～4％の利息を支払います。そして、死んだら家を売却して借金を返します。

銀行によっては、この利息を払わなくてもいいところもありますが、その場合は借りられる額が少なくなります。なぜなら、死亡したら家を売却して一括返済するわけですが、人はいつ死ぬかわからない。特に若いうちに「リバースモーゲージ」を使うとなかなか死なないので、元金と利息の回収が何十年も先になります。

例えば、前述の1億円の家を例に見ると、利息を払わないタイプだと55歳で家を担保に借りられるのは500万円程度。80歳だと2500万円程度です。

しかも、「リバースモーゲージ」には、3つの落とし穴があります。

◆状況次第では「家なき子」になってしまうかも

落とし穴（1）　長生きすると大変なことになる！　「人生100歳時代」と言いますが、そもそもリバースモーゲージは100歳まで生きる人を想定していません。ですから、「体が動くうちに」と楽しくお金を使っていると、お金が足りなくなってしまう可能性があります。

仮に長生きしてお金が足りなくなると、月々の利息も払えなくなり、家も取られてしまうことになりかねません。

たとえば80歳で2500万円借りたとして、金利が4％の場合、年に100万円、月に8万円は金利として支払う必要があります。

落とし穴（2）　金利が上昇すると大変なことになる！　リバースモーゲージで借りるお金のほとんどは、実は変動金利です。今は低金利なので3〜4％ですが、金利が5％、6％と上がっていくと、返済しなくてはならない額も上がります。そうなると、やはり生きているうちに家を手放さなくてはならない可能性も出てきます。

先ほどの２５００万円の場合、６％になれば年間１５０万円、月にして10万円以上の支払いです。

落とし穴（３）　地価が下がると大変なことになる！　金利の上昇と同時に怖いのが、地価の下落。担保になっている土地の価格が下がると、金融機関から下がったぶんの担保を要求されます。都合の良い物件を持っていればいいのですが、そうでない場合はやはり家を手放さなくてはならなくなる可能性がでてきます。

バラ色の老後をイメージさせるリバースモーゲージも、冷静に見ると、どうでしょうか。**生前に家をとられてしまうというシナリオが待っているかもしれません。**

死ぬまでバラ色にうつる「リバースモーゲージ」にも、生前に家を失う落とし穴が！　説明を決して鵜呑みにしないこと。

「人生100年時代の年金です」の落とし穴

――トンチン年金の注意点

◆長生きすれば、するほどおトク？

「人生100年時代」となり、長生きする人が増えています。

今から50年前の1968年には100歳を超える人は、全国でたった327人でした。ところが、20年前の1998年には約1万人に増え、2018年にはなんと約7万人となっています。

しかも、科学と医学の進歩で、寿命は今後もさらに延びることが予想されます。

iPS細胞の登場で、将来は老化した心臓や肝臓などの臓器をつくり直したり、手術しなくても超小型ロボットが血管から患部に入り込んで疾患を治してくれたりする技術などが出てくるかもしれません。

そうなれば、人間は120歳くらいまでは生きられるかもしれません。

そんな中、注目を集めているのが、長生きすればするほどおトクになると言われる「トンチン年金」。ちょっと変わったネーミングですが、17世紀のイタリアの銀行家ロレンツォ・トンティが考案したと言われる年金制度です。これが今、各金融機関から売り出されているのです。

◆保険料を払い終わってすぐ死んだら、公的年金は大損に！

「トンチン年金」の仕組みは簡単。一つの財布に、みんなでお金を入れ、そこから年金を支給していきます。たとえば100万円の保険料を払ってすぐ死んでしまったら、その100万円は生き残っている人の年金原資になります。早く死んだらお金はもらえません。払った保険料は、長生きした方の年金支払いに回されるからです。

そして、とにかく最後まで長生きした人が年金をたくさんもらえる仕組みです。イメージ的には、今の日本の公的年金に似ています。

公的年金は、60歳（人によっては65歳）まで保険料を支払い、基本的には65歳から年金をもらい始めます。

仮に、これまで合計６００万円の保険料を支払い、65歳から月10万円の年金をもらえる人がいたとしましょう。この人が66歳で死亡したら、払った保険料は６００万円なのに、もらった年金は1年ぶんの１２０万円なのでだいぶ損になります。

では、70歳で亡くなったら、保険料を６００万円払って、年金を合計６００万円もらうのですから、トントンということになります（実際には物価の上昇があるのでマイナスですが）。

これが75歳になると、６００万円保険料を支払って合計１２００万円もらえるので、かなりおトク感が出てきます。

では、１００歳まで生きたらどうでしょうか。合計で４２００万円もらえますから、かなりおトクということになります。

◆物価が上がってしまったら、年金の価値も下がって「残念！」

長生きすればするほどたくさんもらえるという、「トンチン年金」の考え方を活用して、日本生命の「グランエイジ」や、第一生命の「ながいき物語」、太陽生命の「１００歳時代年金」、かんぽ生命の「長寿のしあわせ」など、様々なものが出てきています。

たとえば、50歳女性が「ながいき物語」(10年保証期間付終身年金）に加入し、70歳まで保険料を月３万円支払ったとします。この場合、20年間に支払う保険料の総額は７２０万円。70歳から年金を受け取る契約の場合の年金額は、年30万４３００円。94歳になれば、払い込んだ保険料の元が取れるようになっています。１００歳まで生きたら、払った額の１・３倍が受け取れます。

だから１００歳まで生きても安心——というのは間違いです。

50歳の女性が１００歳になるのは、50年後。今から50年前の大卒の初任給は約３万円で、今は約20万円ですから、この上昇率をそのまま今から50年後に当てはめると、50年後の年30万４３００円は、今の貨幣価値にして年４万６０００円程度に目減りしている可能性があります。

もう一つ、長生きしたあなたよりも先に、保険会社が破綻する可能性もあります。

もしそうなったら、返ってくるお金はかなり減額されてしまうでしょう。

長生きリスクに対応する「トンチン年金」も、物価が変われば保険料は目減りする。そして生命保険会社が長生きするとは限らない！

「結局、現金で持っておくのが一番」の落とし穴

――タンス預金の顚末

◆遺品整理会社でも見落とす場所に多額の現金が

拙著『払ってはいけない――資産を減らす50の悪習慣』（新潮新書）にも書きましたが、捨てられたゴミの中から多額の現金が発見される事件が相次いでいます。

しかも、その金額が半端ではなく、2018年年末にも、香川県高松市のリサイクル業者が回収した古紙の中から2841万円が発見されました。なぜ、これほどまでに現金がゴミの山の中から次々と発見されるのか疑問に思っていたのですが、某遺品整理会社の社長にお話を聞く機会があって、納得しました。

生前整理、遺品整理、特殊清掃などを主に行なっているその会社は、立ち上げてから4年あまり。ここまでに遺品整理中に見つけて遺族にお返しした現金が、なんと2億円を超えるというのです。

特に、独居老人などは、コツコツ貯めてきた現金を誰かに取られまいと、自分にしかわからないところに隠しているので、遺品整理会社でも見落とすのだそう。こうしたお金が最終的にはゴミ処理場などで発見されるのではないかというのです。

◆ひとり暮らしは高齢女性が多いのに孤独死の7割は高齢男性

誰にも看取られない孤独死は、毎年増えています。

2016年のデータですが、孤独死は東京都だけで4287人。死亡者全体の5・58％を占めていました。東京都と19県で発生した孤独死の件数は1万7000件。この数字を元に全国推計すると、日本では、なんと年間4万7000人ほどが孤独死しているのではないかとのことでした。

このうち7割は、男性。特に、65歳から69歳の男性ですが、最近では未婚や離婚した40代から50代の男性も増えているのだそうです。

ゴミの中から回収されたお金の何割かは、こうした人たちが命綱としてしっかり貯めてきたお金なのでしょう。**ただ、どんなに節約してお金を貯めても、死んでしまって自分で使えなかったのでは無駄というほかありません。**

では、こうしたお金は、どのように使えばいいのでしょうか。

実は、一人暮らしをしている高齢者は女性のほうが多く、国勢調査(2015年)を見ると、男性と女性の比率は、1対2。それなのに、孤独死するのは圧倒的に男性が多くて7割を占めているというのは、いったいどういうことなのでしょうか。

◆地域の「見守り」を活用し、最後は施設で守ってもらう

妻と離婚したり死別したりした場合、家事能力が低い男性は、栄養状況や衛生環

境が悪化しがちです。しかも、女性のように周囲とのコミュニケーションを上手にとれない人も多く、病気で伏せっていても気づかれず、救急車も呼ばず、そのまま逝ってしまうケースが多いのだそうです。

実は、2012年に介護保険法改正の際に、「見守り」などの生活支援を行うことが国や地方公共団体の責務として規定されました。ですから、何かあったら迷わず地区ごとに設置されている地域包括支援センターで相談しましょう。

金銭的に余裕があるなら、定期的に食事の宅配を頼んだり、家事業者を頼んだりするのも、万が一の状況になっている時の発見に役立ちます。

もし体が不調なら、迷わず老人介護施設に入居することも考えましょう。介護保険を使えば、それほど負担せずに、多くの人に見守られる中で生活できます。

コツコツお金を貯めても、それを抱えて天国へは行けない。現金がゴミ処理場行きにならないように使い、見守られて逝く計画を。

「うちは遺産なんて大したことないから」の落とし穴

――「相続＝争族」の盲点

◆1000万円以下での裁判が3割も

「自分の死後も、子供たちはいつまでも仲良く、助け合って生きてほしい」

子供を持つ高齢な親ならば、こう誰もが思うことでしょう。

ところが現実には、親の死後に、残された微々たる財産を巡って親族間で骨肉の争いをしているケースがいかに多いことでしょうか。

図表は、2016年の司法統計のうち、「家庭裁判所に持ち込まれた遺産分割事件のうち認容・調停成立件数」の遺産額別の割合を示しています。

遺産額による事件割合

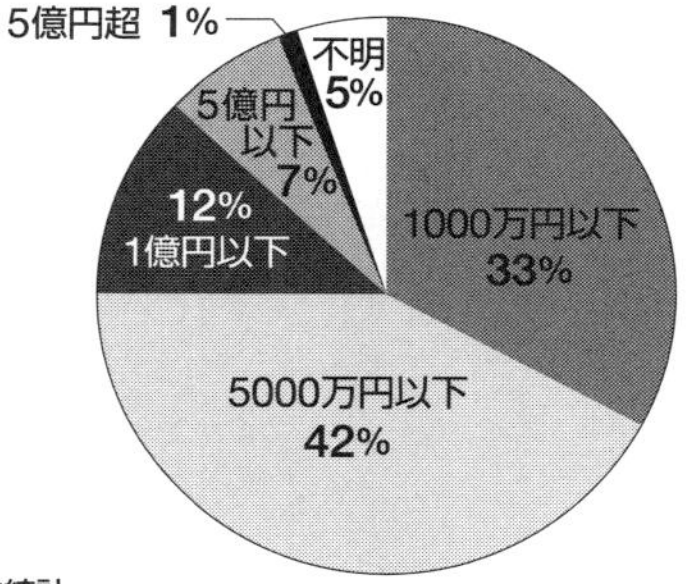

2016年の司法統計
「家庭裁判所に持ち込まれた遺産分割事件のうち認容・調停成立件数」をもとに作成

なんと、1000万円以下の金額で裁判にまで持ち込まれた案件が、3割以上あります。5000万円まで拡げると全体の4分の3の75%です。

遺産としては、それほど多額とは言えない金額を、裁判で奪い合っている。

どうしてこんなことになっているのかといえば、実は「それほど多額とは言えない金額」というのがクセモノなのです。

多額の遺産があると、親にはこの遺産を巡って残された子供たちが争ってはいけないという思いがあるので、あらかじめ遺言状を書き、自分の死後の財産の分け方を争いがないように示しておくケースが多いので、それほど揉めない。けれど、

1000万円以下だと、まさかこれくらいの額で子供同士が裁判を起こすことなどないだろうとタカをくくってしまう。

ところが、相続は、親が思っているほどビジネスライクにはいきません。「お姉さんのほうが大切にされていた」とか「妹ばかり可愛がっていた」などという、普段は腹に収めているような感情が噴き出しやすい。**しかも、兄弟だけではなく、そこに兄弟の配偶者まで参戦してくるので、収拾がつかなくなる可能性があるのです。**

結果、可愛い子供たちが、少しの遺産を巡って、「相続」ではなく「争族」になってしまうことに。

◆遺言書は、自分が元気なうちに書く

どんなに仲良く育った兄弟でも、一度、法廷で争うようなことになれば、それぞれの家族の感情も絡まって骨肉の争いに発展しやすく、その憎しみは、時間が経ってもなかなか解消されないケースが多いようです。

ですから、思い当たる人は、なるべく元気なうちに遺言を書いておきましょう。
なぜ、元気なうちでないとダメかと言えば、遺言が書けるのは、15歳に達した人（民法第961条）で、遺言能力のある人（民法第963条）と決まっているからです。もし、認知症の疑いがあったり、認知症でなくても介護が必要なほど著しく高齢であったりすると、遺言書を書く場合に遺言能力が問われる可能性があるからです。

◆遺言書の作成が簡単になった

幸い、遺言状については、2019年1月13日から、自筆証書遺言の方式の緩和・保管制度が創設されています。

今まで、自分で遺言書を作成する場合には、遺言書だけでなくその目録まで全てを自筆で書かなくてはなりませんでした。けれど方式の緩和で、パソコンなどで作成した目録を添付したり、銀行の通帳のコピーや不動産の登記事項証明書などを財産目録として添付することが可能になり、遺言書の作成が簡単になりました。

さらに、２０２０年7月10日からは、公的機関である法務局で遺言を保管する制度が施行されるので、遺言書の紛失や隠匿、真偽を争うなどの係争が減りそうなので、心当たりがある方はチャレンジしてみましょう。


遺言書は、何度書き直しても大丈夫です。もしいくつかあった場合は、最新のものが採用されるので、しっかり子供たちの態度を見ながら書きましょう。

言うまでもありませんが、ここまでやり切るのが親の最後の務めです。

子供たちが骨肉の争いを展開するのは悲しいこと。お金を使いきれないなら遺言状を残し、幸せな関係を応援するのが最後の仕事！

「墓くらいは立派にしてほしい」の落とし穴

――「墓じまい」の注意点

◆子供たちで墓の押し付け合い？

死後にお墓をめぐってトラブルが起きるケースが増えています。

今まで、先祖伝来のお墓は、家長となった者が代々守っていくというのが一般的なケースでした。けれど、長男も次男も都会に出て行ってそこで家族と住むようになると、お墓を守る人がいなくなってしまい、墓の押し付け合いになるというケースがあとを絶ちません。

こうした場合には、自主的な「墓じまい」、つまりお墓の「改葬」が必要となっ

改葬数の推移

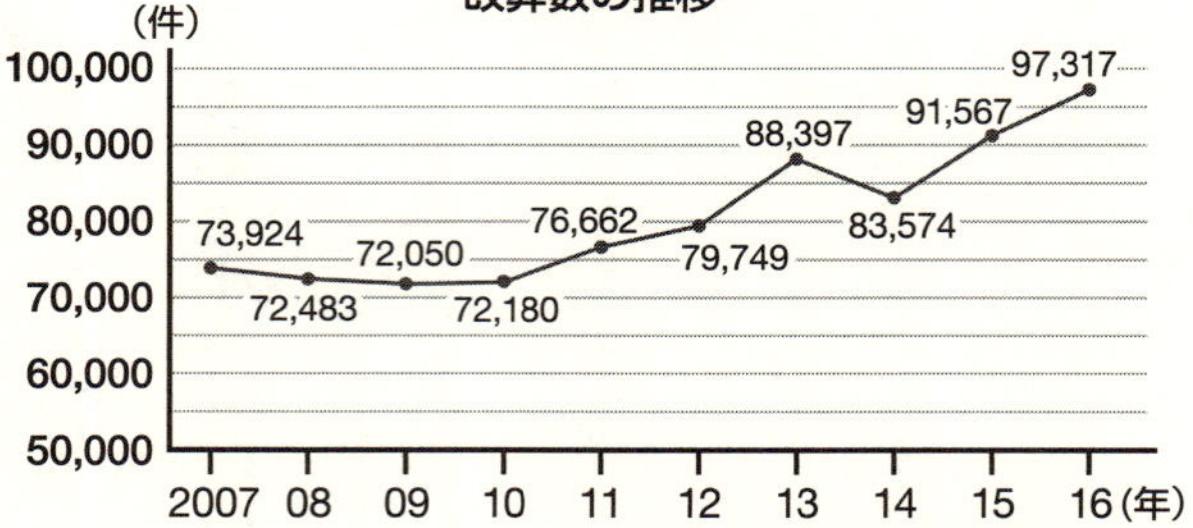

厚生労働省「衛生行政報告例」をもとに作成

てきます。

上の図表は、厚生労働省が発表している「衛生行政報告例」の中の「埋葬及び火葬の死体・死胎数並びに改葬数」の推移を示しています。つまり「墓じまい」の件数です。このグラフでもわかるように、墓の所有者が自ら「墓じまい」するケースは年々増えています。

◆更地にして、お返しするのが「墓じまい」

「墓じまい」は、先祖のお骨を取り出し、今あるお墓の墓石を撤去して墓地を更地にし、お寺などの管理者に返すこと。

この場合の遺骨の供養については、新しくお墓を建てて供養する方法や、合祀墓に一緒に納めてもらう方法、散骨してしまう方法などがあります。最近は、お骨をコンパクトにして家に置いて手元供養をするという人もいるようです。

親が健在なうちは、子供たちも年に一度は飛行機で親の顔を見に実家に帰るなどということもあるかもしれませんが、親がなくなると、わざわざ飛行機代を使ってお墓参りをするということも現実には無理になるでしょう。

こうした状態で、その子供たちも他界して代替わりすると、参る人も途切れて無縁仏になってしまう可能性もあります。すると「せめて墓くらいは立派にしたい」と思い切った費用も、無駄になってしまうかも。

継承者が途切れると、たとえ永代供養料を納めていても、最終的には無縁墓として永代供養塔に合祀されることになります。

ですから、もしこうした状況が予想されるなら、「立派な墓」どころか、早めに「墓じまい」について家族で話しておくといいかもしれません。

◆親族や寺院の理解を得ないと難しいかも

「墓じまい」の費用は、墓石の撤去費用などで20万円から30万円、閉眼供養としてお寺に納めるお布施や檀家をやめるためのお布施などで3万円から10万円かかります。お墓が遠い場合には、こうしたことを代行業者に頼むこともできますが、その場合には、さらに十数万円はかかるかもしれません。

もし、新たに別のところにお墓を作るなら、墓石その他の費用も含めて200万円前後はかかります。

ただ、ここで忘れてはいけないのが、親戚や寺院の理解を得ておくこと。先祖伝来の墓だと、「墓じまい」は許さないという親戚がいる場合があります。また、寺もせっかくの檀家を離したくないので、法外な離檀料をふっかけてくるケースもあります。

そうなると、なかなか「墓じまい」できずに膠着状態になってしまいます。

ちなみに、今は「スマ墓」というスマホアプリも出てきています。故人を思い出す場所をスマホで設定して、そこを訪れると、故人の写真やメッセージなどが流れます。

将来は、お参りに行くとホログラムで「故人」が現れて、ＡＩスピーカーを通じて昔話を懐かしく語らえるようになるかもしれません。

ただしそれには、もう少し時間が掛かりそうです。まずはお参りに来る人がゼロの墓を遺さないように、話し合ってみましょう。

親と遠く離れて暮らす子供たちにとって、墓を守ることは至難の業。「墓じまい」を早めに話し合うほか、親戚やお寺にも根回しを！

「奥様に遺すなら、遺産より生命保険です」の落とし穴

――遺産分割の真相

◆妻には1億6000万円まで残しても、相続税はかからない

「ご主人が亡くなった時のために、それなりの額を奥様に残しておいてあげないと、相続が大変になりますよ」

こんな保険会社の誘い文句で、大きな保険に入っている人は、意外に多いのではないでしょうか。

けれど、結論から言えば、よほど財産があるのでない限り、奥様の相続のために慌てて多額の生命保険に加入する必要はないでしょう。

なぜなら、夫婦の財産は2人の協力で築かれたものという考え方があるので、残された妻（または夫・配偶者）に対しては、1億6000万円までは相続しても相続税がかからない特例があるからです。

また、それ以上の財産を相続しても、法定相続分まででであれば、相続税はかかりません。ですから、普通のご家庭では、奥様の相続のために生命保険に入っておく必要はあまりないでしょう。

◆多額の財産を譲られた妻が死んだら、子供たちは大変に

妻の相続については、1億6000万円まで相続税がかかりませんが、問題は、夫から多額の遺産を相続した妻が亡くなった場合です。

例えば、2人の子供がいて、妻が、夫から相続した1億6000万円の財産を、そのまま残して他界したとします。

2人の子供は母親の残した1億6000万円を相続しますが、この場合、2人の

子の相続については基礎控除として「3000万円＋600万円×法定相続人数」の4200万円までしか無税になりません。1億6000万円との差額になる1億1800万円については、他に借金などがなければ相続税が課されることになります。

そうなると、2人でなんと2140万円の相続税を支払わなくてはなりません。

相続税は、基本的には現金で納めなくてはならないので（物納は可能）、もしそれだけの現金がなかったら、母親に生命保険に入ってもらっておくというのは有効な方法になります。

生命保険の場合には、1人500万円まで相続税がかかりません。

◆残された財産が家だけなら「配偶者居住権」を使える

夫が残す財産は、現金とは限りません。闘病生活で預金を使い尽くし、年老いた妻と子供たちに残された財産が家だけというケースもよくあることです。

この場合、今までなら、子供たちから遺産分割を求められた場合、妻は家を売って、そのお金を子供たちと分けなくてはなりませんでした。**けれど、長年住み慣れた愛着のある家を手放してアパート暮らしを始めるというのは、妻にとっては辛いこと。**

そこで民法（相続法）が改正され、２０２０年４月からは、「配偶者居住権」で妻（配偶者）が望めば、一生涯または一定期間、家を使い続けることができるようになります。「配偶者居住権」は、所有権より低く評価されるので、配偶者は自宅に住みつづけながら、他の財産も相続できるようになりました。

1億6000万円以上の財産がない限り、妻の相続は心配なし。ただし、多額の財産を受け取った妻が亡くなった時には、要注意！

荻原博子　1954（昭和29）年生まれ。経済事務所勤務を経て独立。経済ジャーナリストとして活躍。著書に『10年後破綻する人、幸福な人』『投資なんか、おやめなさい』『払ってはいけない』等多数。

Ⓢ新潮新書

834

騙《だま》されてませんか

人生《じんせい》を壊《こわ》すお金《かね》の「落《お》とし穴《あな》」42

著　者　荻原博子《おぎわらひろこ》

2019年10月20日　発行

発行者　佐藤隆信

発行所　株式会社新潮社

〒162-8711　東京都新宿区矢来町71番地
編集部(03)3266-5430　読者係(03)3266-5111
https://www.shinchosha.co.jp

図版製作　ブリュッケ

印刷所　株式会社光邦

製本所　株式会社大進堂

ISBN978-4-10-610834-1 C0233

価格はカバーに表示してあります。

Ⓢ新潮新書

652
10年後破綻する人、幸福な人
荻原博子

東京五輪後に襲う不況、老後破産から身を守る資産防衛術、年金・介護・不動産の基礎知識……幸せな生活を送るために知っておくべき情報を整理してわかりやすく説く。

733
投資なんか、おやめなさい
荻原博子

「老後のために投資が必要」なんて大間違い！銀行、証券、生保がいま生き残りを賭けて私たちのお金を狙っている。経済ジャーナリストがつぶさに説く、騙されないための資産防衛術。

787
払ってはいけない
資産を減らす50の悪習慣
荻原博子

「持病があっても入れる保険」「日本一売れている投資信託」「まとめ買い」――やってはいけない50の無駄遣いを一刀両断！　バカを見ないための資産防衛術、決定版。

784
受験と進学の新常識
いま変わりつつある12の現実
おおたとしまさ

あなたの常識はもう古い。東大生の3人に1人がしていたこととは？　ひとり勝ちの塾が存在する？　受験強者には「3条件」が必要？　子供の受験・進学を考えるなら真っ先に読む本。

786
墓が語る江戸の真実
岡崎守恭

悪女と恨まれた側室と藩主の絆（鹿児島・福昌寺）、後継ぎの兄よりも弟の自分を愛してくれた母への思い（高野山奥の院）……。墓を見ればわかる、江戸時代の愛憎と恩讐の物語十話。

Ⓢ新潮新書

788
決定版　日中戦争
波多野澄雄　戸部良一
松元崇　庄司潤一郎
川島真

誰も長期化を予想せず「なんとなく」始まった戦争が、なぜ「ずるずると」日本を泥沼に引き込んでしまったのか——。現代最高の歴史家たちが最新の知見に基づいて記した決定版。

789
指導者の条件
黒井克行

情熱、対話、意識改革——最高の結果を勝ちとるには、指導者と選手との勝敗を超えた信頼こそが不可欠だ。スポーツの名将たち24人、それぞれの「人と組織を育てる極意」を描きだす。

790
眠れぬ夜のために
1967-2018　五百余の言葉
五木寛之

記録と記憶、理性と無意識、善と悪、自己と他者……この世の「真実」は、そのあいだで常に揺れ動く。作家として半世紀余り、多岐にわたる深い思索から紡ぎ出された、初の箴言集。

791
イスラエルがすごい
マネーを呼ぶイノベーション大国
熊谷徹

年に一〇〇〇社が起業、米国に次ぐイノベーション大国となったイスラエルに巨額のマネーが流れ込んでいる。急接近する中国とドイツ——出遅れた日本の危機とビジネスチャンスとは?!

792
さよなら自己責任
生きづらさの処方箋
西きょうじ

そもそも、成功は努力の結果なのか？　そもそも、なろうとして人は幸福になれるのか？　相互監視と同調圧力が増すばかりの現代社会——肩の力を抜いて生きてゆくための12の思考法！

Ⓢ新潮新書

793
国家と教養
藤原正彦
教養の歴史を概観し、その効用と限界を明らかにしつつ、数学者らしい独自の視点で「現代に相応しい教養」のあり方を提言する。大ベストセラー『国家の品格』著者による独創的文化論。

794
「あの世」と「この世」のあいだ
たましいのふるさとを探して
谷川ゆに
近代合理主義と科学の呪縛をはなれ、琉球弧の島々から北海道まで、その土地と人と自然の中に宿る神々や死者を想い、古代から現代へと連なるたましいの水脈を探す。

795
心房細動のすべて
脳梗塞、認知症、心不全を招かないための12章
古川哲史
国内患者数は、約一七〇万人。どんな人がなりやすいのか、心臓によい食事とは？　等々、知っておくべき基礎知識、最新治療法、予防のための生活習慣までを専門家が丁寧に解説する。

796
ちょいバカ戦略
意識低い系マーケティングのすすめ
小口覺
お高くとまってちゃモノは売れない。大ヒット商品、成功企業に実は共通する、ちょっと見はおバカ、だが計算され尽くしたしたたかな戦略とは。視界が一気に開ける逆転のビジネス書！

797
リベラルを潰せ
世界を覆う保守ネットワークの正体
金子夏樹
リベラリズムの世界的浸透に、保守の反撃が始まった。キリスト教右派による「世界家族会議」とは？　驚異のネットワークの源泉、思想、資金源は？　緻密な取材で世界の断層を描く。

新潮新書

798 昆虫は美味い！ 内山昭一

その味はフグの白子か、マグロのトロか?! バッタ、カマキリ、クツワムシ――昆虫を採って、食べて20年、昆虫食の第一人者が捕獲法、調理法、注意点まで丁寧に解説。究極のグルメ。

799 もっと言ってはいけない 橘 玲

「日本人の3分の1は日本語が読めない」「人種と知能の相関」「幸福を感じられない訳」……人気作家が明かす、残酷な人間社会のタブー。あのベストセラーがパワーアップして帰還！

800 「承認欲求」の呪縛 太田 肇

SNSでは「いいね！」を渇望し、仕事では「がんばらねば」と力み、心身を蝕《むしば》む人がいる。悪因と化す承認欲求を第一人者が徹底解剖し、人間関係や成果を向上させる画期的方法を示す。

801 新冷戦時代の超克 「持たざる国」日本の流儀 片山杜秀

政治家のうまい話には嘘がある。評論家の予測はたいてい外れる。バラ色の未来とはほど遠い、下り坂を転げる危機の時代にあって、この国と私たちが生き延びるための道を示す。

802 ドラマへの遺言 倉本 聰 碓井広義

『やすらぎの郷』、『北の国から』、『前略おふくろ様』……ドラマ界に数々の金字塔を打ち立てた巨匠が最新作『やすらぎの刻～道』まで、すべてを語り尽くす。破天荒な15の「遺言」！

新潮新書

808
1本5000円のレンコンがバカ売れする理由
野口憲一
民俗学者となった若者が、学問の力を応用して実家のレンコン農家を大変革！「ブランド力最低」の茨城県から生まれた、日本農業の可能性を示唆する「逆張りの戦略ストーリー」。

809
パスタぎらい
ヤマザキマリ
イタリアに暮らし始めて三十五年。世界にはもっと美味しいものがある！ フィレンツェの貧乏料理、臨終ポルチーニ、冷めたナポリタン、おにぎりの温もり……胃袋の記憶を綴るエッセイ。

810
誰の味方でもありません
古市憲寿
いつの時代も結局見た目が9割だし、血のつながりで家族を愛せるわけじゃない。〝目から鱗〟の指摘から独自のライフハックまで、多方面で活躍する著者が独自の視点を提示する。

811
総理の女
福田和也
伊藤博文から東條英機まで、10人の総理の正妻・愛妾を総点検してみたら、指導者たちの素顔と、その資質が見えてきた――。教科書には絶対載らない、日本近現代史の真実。

812
ネトウヨとパヨク
物江 潤
無知に気付かず、自らの正義を疑わず、対話を拒否し、他者を攻撃する。眩暈のするようなおかしな論理や、無尽蔵のエネルギーはどこから生まれるのか。行動原理と心理を読み解く。

Ⓢ新潮新書

813
深層日本論
ヤマト少数民族という視座
工藤隆

伊勢神宮正殿が、穀物倉庫なのはなぜ？　秘される大嘗祭で、天皇は何をしている？　本当の〝日本古来〟とは何なのかを、遥か古代にまで遡って解き明かす、日本論の決定版。

814
皇室はなぜ世界で尊敬されるのか
西川恵

最古の歴史と皇族の人間力により、多くの国々から深い敬意を受けている皇室は、我が国最強の外交資産でもある。その本質と未来を歴史的エピソードに照らしながら考える。

815
生死の覚悟
髙村薫
南直哉

直木賞作家と「恐山の禅僧」による、七年越しの対話。信心への懐疑、坐禅の先にあるもの、震災とオウム……実存の根源的危機が迫る時代に、生きることと死ぬことの覚悟を問う。

816
バッシング論
先崎彰容

日本人はなぜかくも余裕を失ったのか。くり返されるバッシング、謝罪と反省のなかに浮かびあがる社会の構造変化をとらえ、「マジメ」で「美しい国」の病根をえぐりだす。

817
フィンランドの教育はなぜ世界一なのか
岩竹美加子

高い学力はシンプルな教育から生まれた——テストも受験も、部活も運動会も、制服もなし、教科書は置きっ放し、それでなぜ？　どうして？　その秘密、教えます。